U0824529

法灋灋法
法法灋法
灋灋法灋
灋法法法

法灋灋法

法法灋法

灋灋法灋

灋法法法

【春秋】
法者，所以兴功惧暴也；
律者，所以定分止争也；
令者，所以令人知事业也。
—— 管仲

【春秋】
听讼，吾犹人也，必也使无讼乎。
—— 孔子

【战国】
奉法者强则国强，奉法者弱则国弱。
—— 韩非

【战国】
以治法者，强；以治政者，削。
—— 商鞅

【汉】
灋，刑也，平之如水。
—— 许慎

【汉】
法者，天子所与天下公共也。
—— 张释之

【三国】
所以能制胜于天下者，用法明也。
—— 诸葛亮

【唐】
惩其未犯，防其未然。
—— 长孙无忌

【北宋】
法令既行，纪律自正，则无不治之国，无不化之民。
—— 包拯

【北宋】
立善法于天下，则天下治；立善法于一国，则一国治。
—— 王安石

【明】
天下之事，不难于立法，而难于法之必行。
—— 张居正

【清】
法立而不行，与无法等，世未有无法之国而长治久安者。
—— 沈家本

中國法院博物館

CHINA COURT MUSEUM

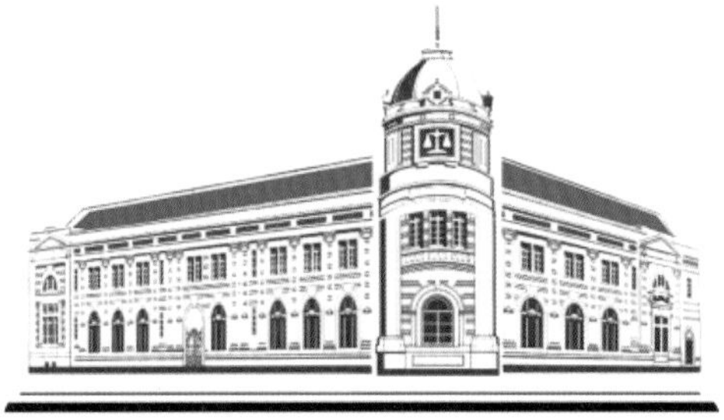

中国法院博物馆 编

中国法制出版社
CHINA LEGAL PUBLISHING HOUSE

中國法院博物館

中国法院博物馆简介

中国法院博物馆位于北京市东城区正义路4号（原日本正金银行旧址，国家重点文物保护单位），建筑面积3000余平方米。2016年1月6日正式向公众开放。

中国法院博物馆设有三个基本陈列展厅，七个专题展厅，三个普法互动区，一个法制影视放映厅。第一展厅为中国审判历史，回顾中国古代司法文明的发展历程；第二展厅为人民审判历程，展示人民法院建设和审判工作成就；第三展厅为“全面依法治国　走向伟大复兴”，全面展示党的十八大以来人民审判工作。专题展厅包括“中国古代最高审判机构”“法律古籍珍本展”“正义的审判——审判日本战犯”“港澳台地区法院掠影”“外国法院及国际法院掠影”“审判服饰专题展”“时世沧桑东交民巷”。普法互动区包括“模拟法庭”“知识问答平台”“普法活动教室”。法制影视放映厅汇集展示中外法制影视作品。

中国法院博物馆藏品

「古人日已远，青史字不泯」。历史在行进的过程中，总会沉淀下无数优秀的文化与传统，留存于器物之上，凝固于文字之中。将这些器物与文字征集收藏，并展示给观众，是博物馆的重要任务。

中国法院博物馆现存藏品 7000 余件（组），展出 3000 余件（组），其中珍贵法律古籍善本 2488 册。我们从中甄选出自古至今的百余件（组）藏品汇集成册，展现中华司法文化的发展脉络，展示中华司法文明成果，传播法治精神，积极推进法治中国建设。

《尚书》

《尚书》是儒家重要经典之一。其中《尧典》载有尧舜时期的刑罚体系、执行原则，皋陶担任司法官员——士等内容。《皋陶谟》记载了华夏民族最早主管审判的官员皋陶与禹关于德治与法治的对话。

【 𠑇匜 】

西周中期青铜器，西周时沃盥盛水的器具。器内底和器盖共铸铭文 157 字，记载了牧牛背誓讼师被判刑的经过，反映了西周时期的刑罚、狱讼、立誓等制度，是迄今为止最早、最完整地记载西周时期审判实践的实物，被认为是中国现存最早的判决书，有中国“青铜法典”的美誉。

【刖刑铜方鬲】

西周中期青铜器，古代用于炊煮或盛放食物的器具。此器下层为盛炭火的炉膛，炉膛正面铸能开闭的两扇门，右门外浮雕刖足者持一插关。“刖刑”是我国古代砍去人脚的一种酷刑。此器中的奴隶造型印证了史书关于刖刑的记载。

【散氏盘】

西周后期青铜器，盘是承接沃盥弃水的用具。器内铭文 357 字，记载了西周晚期散氏与矢氏之间因土地纠纷引发诉讼，双方在王室官员主持下勘定土地边界，签订契约券书，并在司法官面前宣誓后办理土地移交手续的过程，是研究西周后期土地纠纷诉讼的重要资料。

【九年卫鼎】

西周中期青铜铸器，鼎是古代用于烹煮食物、祭祀和宴享的器具。鼎腹内铸有铭文 195 字，记载了西周恭王九年，裘卫用实物交换林地的经过。

【卫盉】

西周恭王时期的温酒器。盖内铸有铭文 132 字，记述了西周恭王三年，裘卫以玉质礼器和皮裘礼服换取矩伯土地的经过。裘卫把此事报告了执政大臣，得到认可并举行授田仪式，确认转移土地归属合法。根据卫盉铭文，还可以知道当时贝已具有货币职能。

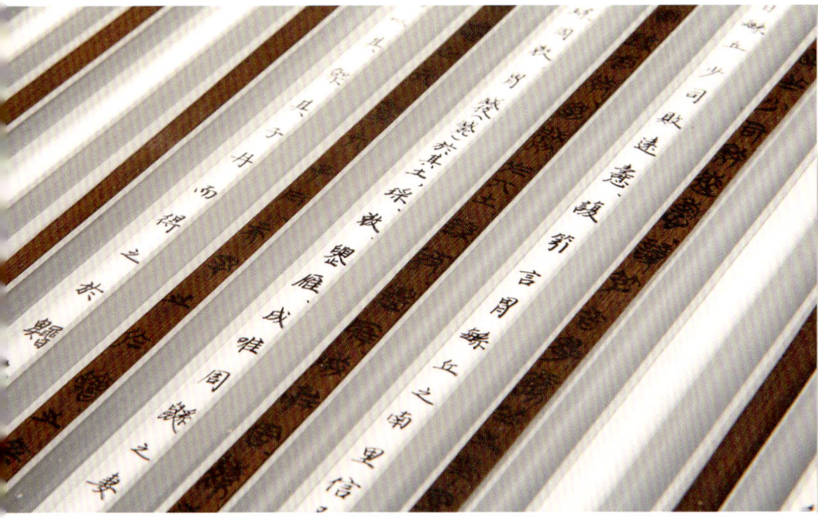

【包山楚简】

1987 年出土于湖北省荆门市包山二号战国楚墓。包山楚简中的《受期》《疋狱》等均为司法文书类的竹简。其中的《受期》记录各种诉讼案件的受理时间、审理时间及初步结果摘要，包括接受告诉的官员姓名及职位、人犯姓名及身份、审问结果及审讯人姓名；《疋狱》是关于案件起诉事由的简要记录。《受期》与《疋狱》在内容上互相关联。此外尚有部分无标题的竹简，内容涉及呈送左尹的案件审理情况以及各级司法官员审理、复查案件的归档登记。

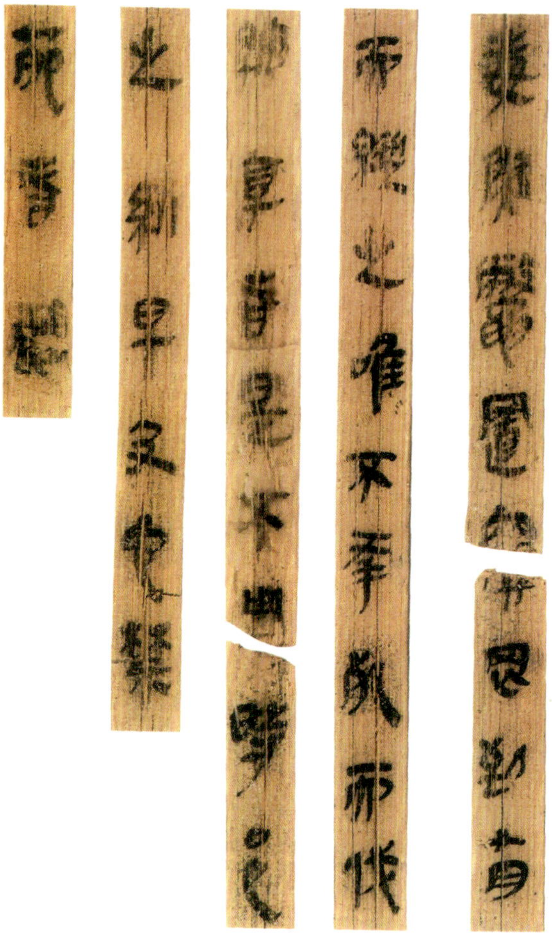

【睡虎地秦简】

睡虎地秦简，又称云梦秦简，1975 年出土于湖北省云梦县睡虎地秦墓。其中的《秦律十八种》《效律》《秦律杂抄》《法律答问》《封诊式》《为吏之道》等是目前关于秦朝法律制度最完整的记载。《法律答问》是以问答形式对秦律内容的解释；《封诊式》是当时的审判原则及司法调查、勘验、审讯程序方面的规定和案例；《为吏之道》则具有司法官员管理制度的性质。

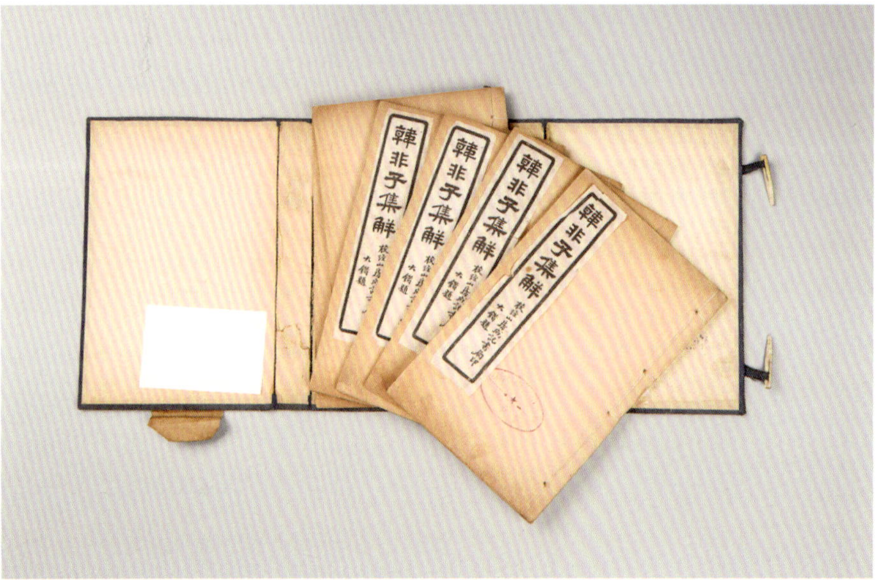

《韩非子集解》

《韩非子》一书总结了商鞅、申不害、慎到等人的思想，主张以法治国，法不阿贵，提出法、术、势相结合，保证法令的贯彻执行。《韩非子集解》为清代王先谦对《韩非子》校勘和注疏的成果。

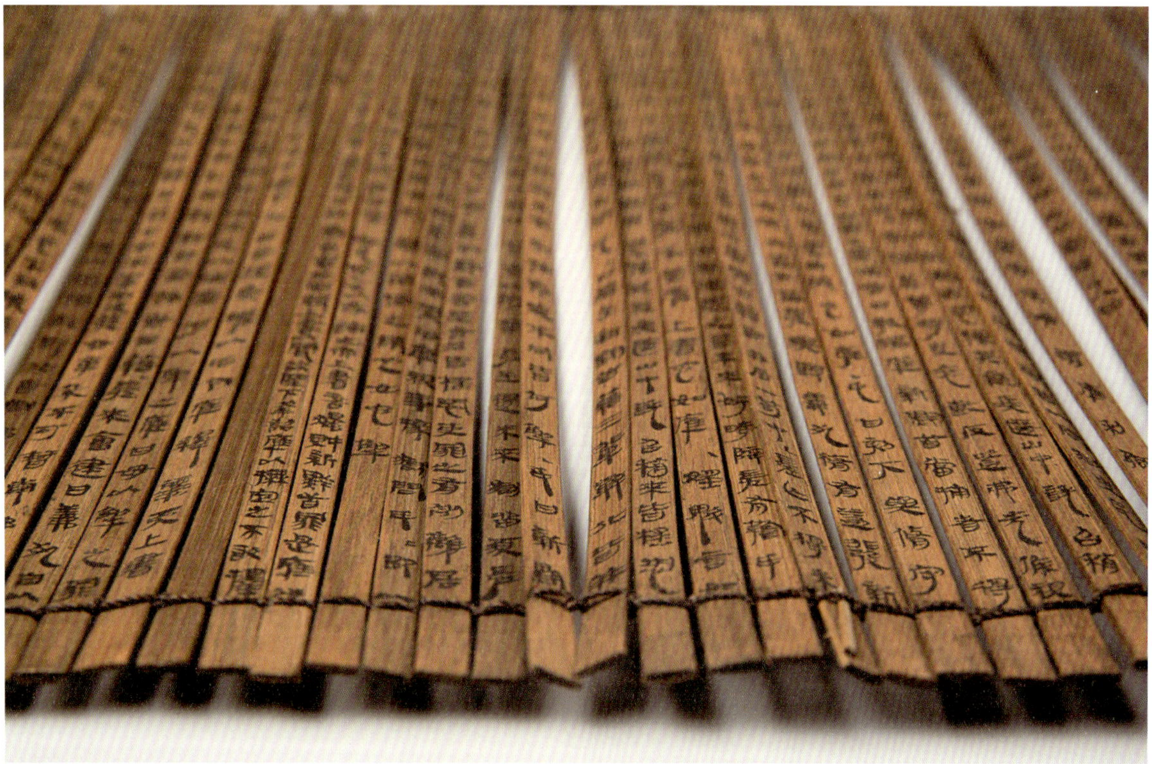

【张家山汉简】

张家山汉简，1984 年出土于湖北省荆州地区张家山汉墓。其中的《二年律令》《奏谳书》是关于汉代法律、疑难案件定罪审判方面的内容。《二年律令》记录了西汉初年的法律 27 种，对于汉代法律研究意义重大。《奏谳书》是西汉初年疑难案件审理、上报的记录，是研究汉代审判制度的重要资料。

《故唐律疏议》

唐代永徽四年颁行《永徽律疏》，后世称《唐律疏议》。因其内容详备、解释精当，遂成为此后历代刑律的蓝本，更影响了日本、朝鲜、越南等国的立法，是古代中华法系最杰出的代表作。

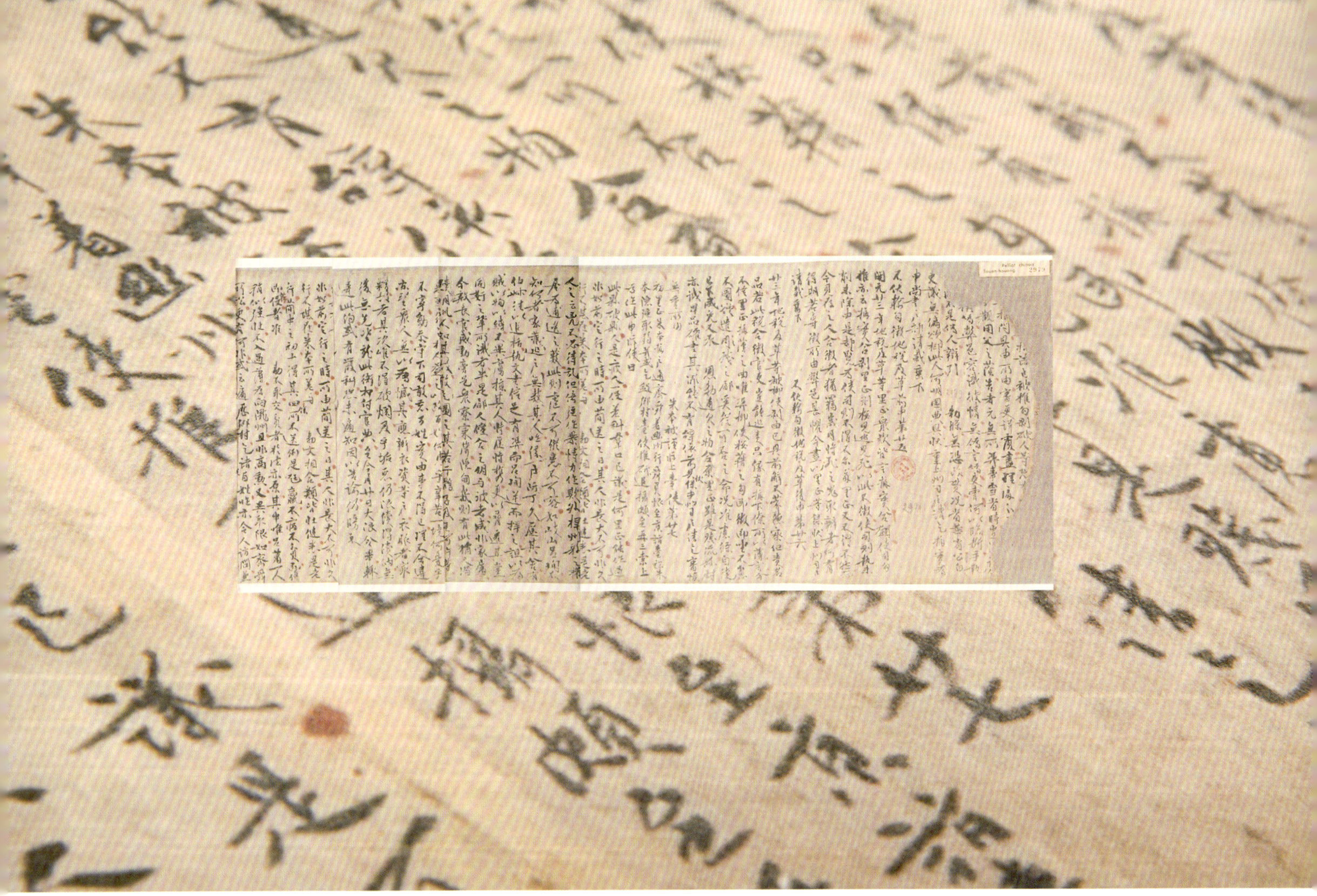

【唐代岐州郿县尉判词】

20世纪初发现于敦煌，原件藏于法国巴黎国家图书馆。共4纸96行，完整判词9道，是唐代岐州郿县尉对主管事务所作裁决的记录。

《大唐六典》

《大唐六典》是关于唐代官制的行政法典，是保存至今的最早、最完整的具有国家行政法典性质的文献。

《宋刑统》

全称为《宋建隆重详定刑统》，成书于宋建隆四年，内容和编排基本沿用唐律，是中国第一部刻板印行的法典。

《庆元条法事类》

南宋初年敕、令、格、式和随敕申明的汇编，包括政治、经济、军事、刑法、服饰等各方面的法令，为研究宋史的珍贵资料。

墨玉石雕《包青天》

第七届全国美术作品展览铜奖作品。作品线条简练、朴素，流畅而有厚重感。雕塑面部表情严肃，不怒自威，面部与胡须颜色为黑色，完美地展现了包拯威严、公正、刚直不阿的形象特点；雕塑其他部分均为原石的青白本色，寓意包拯立身清白、廉洁正直的高尚人格。整座雕塑中黑白对比鲜明，相得益彰。

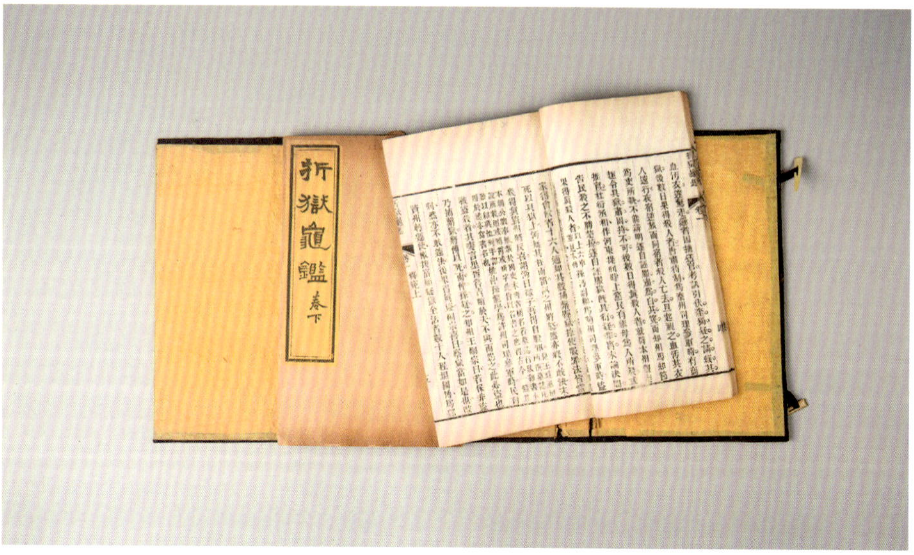

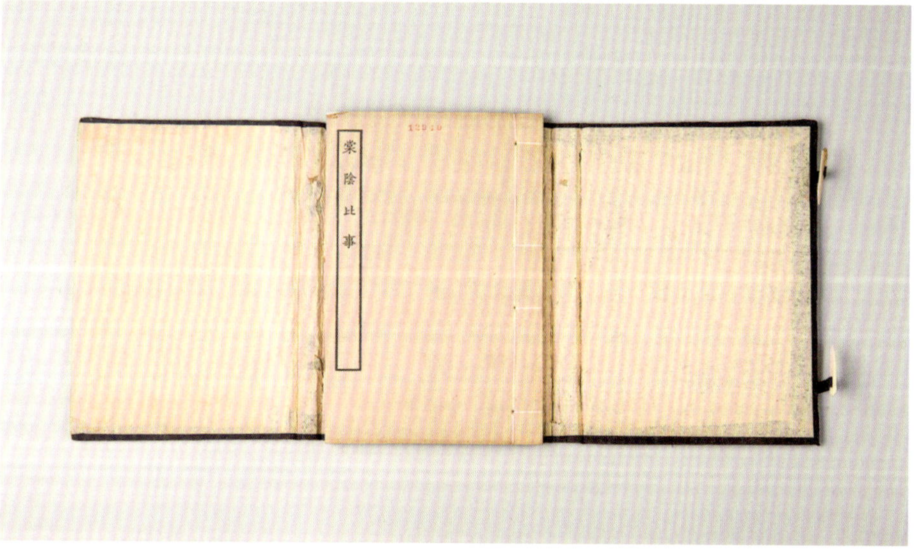

《折狱龟鉴》《棠阴比事》

《折狱龟鉴》《棠阴比事》是古代影响比较大的两部案例汇编，内容涉及现场勘查、伤情鉴定、审判推理等多方面的内容，是对古代审判经验比较详细的系统化的总结，对南宋、明、清乃至中华民国的审判都有深刻而深远的影响。

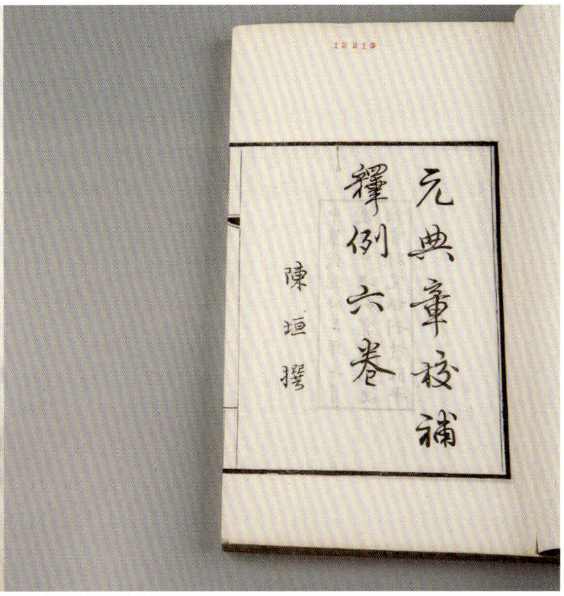

《重校元典章》《元典章校补释例》

《元典章》是 1322 年（至治二年）以前元朝法令文书的分类汇编，是研究元代历史不可或缺的重要文献。1907 年，沈家本主持刊印《重校元典章》，1925 年故宫发现了《元典章》的元刻本。陈垣根据元刻本与诸本互校的情况，将通行本中的错误之处及成因分类编辑，写成《元典章校补释例》。《元典章校补释例》是我国校勘学上的经典之作，被称为“中国校勘学第一次走上科学的路”。

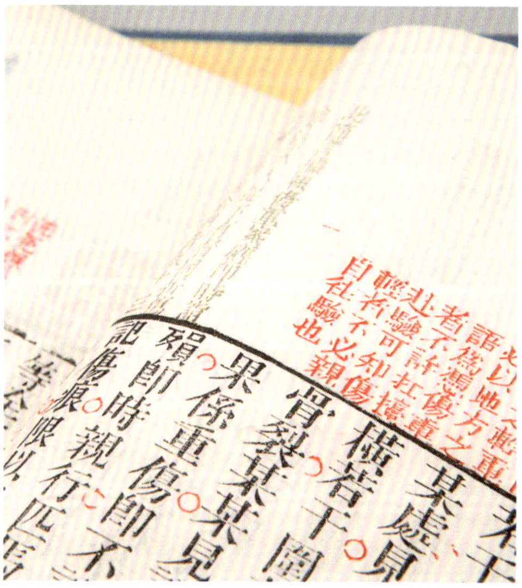

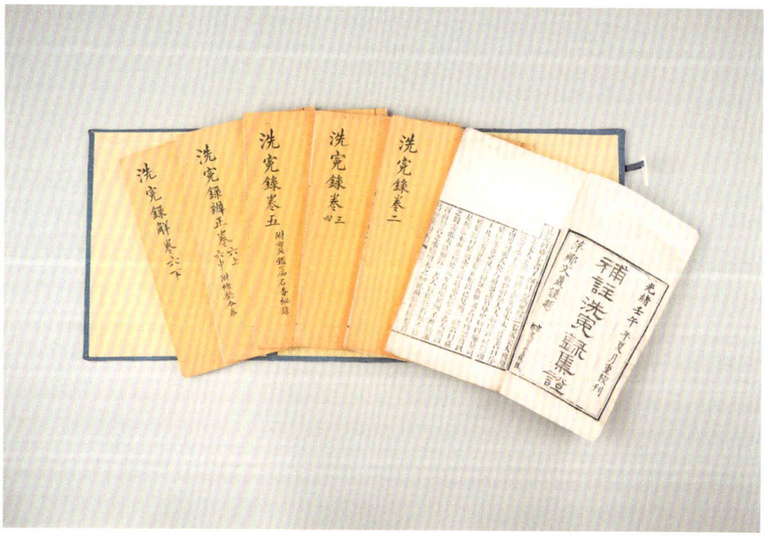

《洗冤录》

宋慈编著，世界最早、最重要的法医学著作，成书后一直受到历代司法官员的重视，并多次刊行，不断补充新的内容。

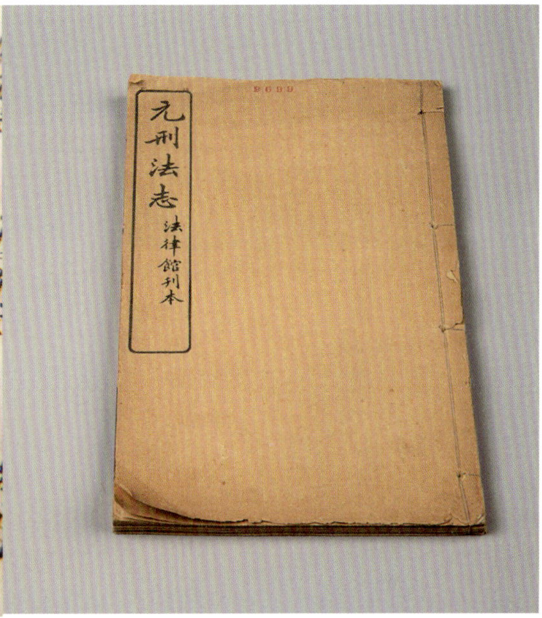

《元刑法志》

宋濂撰稿，主要记载元初断理狱讼、司法、立法制度方面的重要史料，是了解元朝法律制度的重要文献之一。

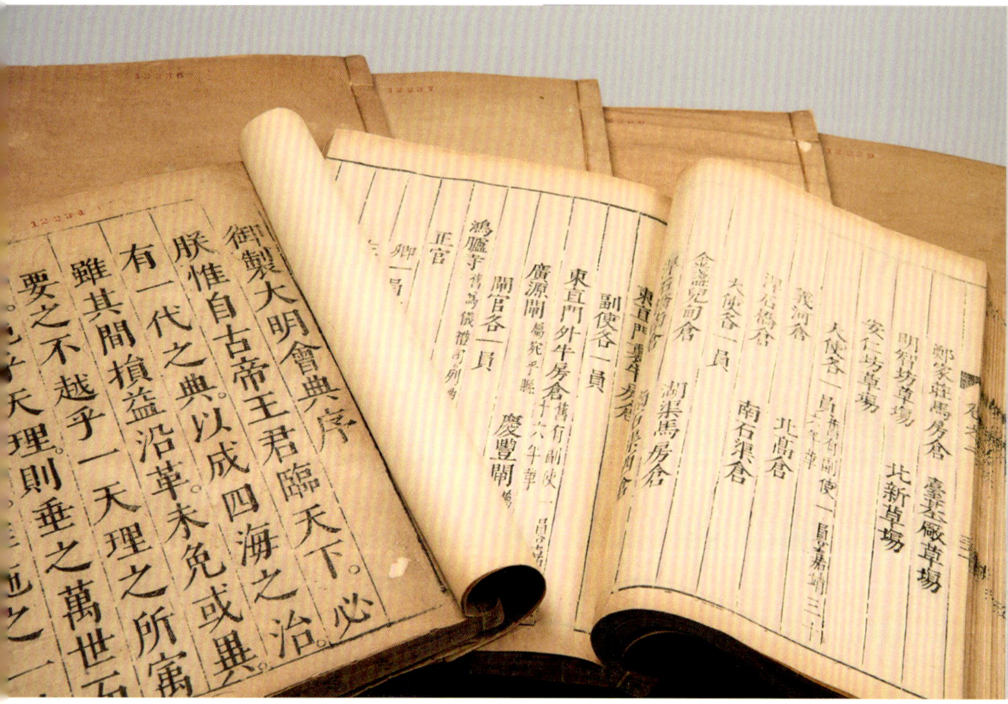

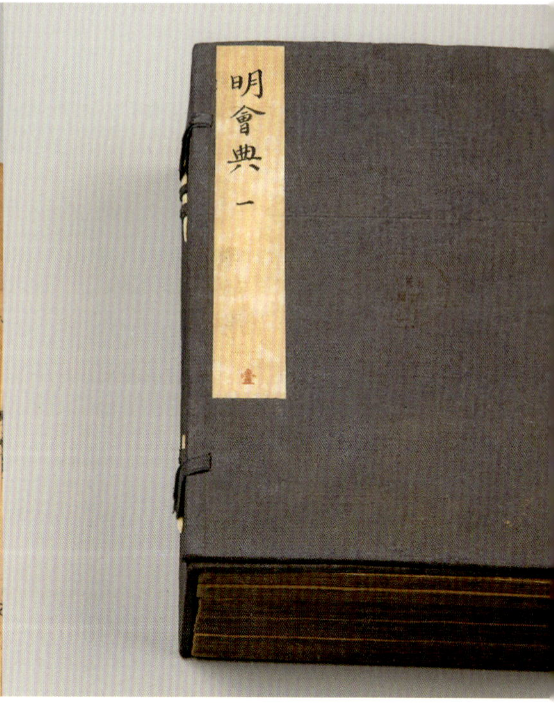

《大明会典》

根据明代官修《诸司职掌》《皇明祖训》《大诰》《大明令》《大明律》《大明集礼》《洪武礼制》《礼仪定式》《稽古定制》《孝慈录》《教民榜文》《军法定律》《宪纲》等书和百司籍册编成，记载明朝典章制度，颇为完备，凡明史所未载者，会典均有交代，为后世研究明代典章制度的重要文献。

《明律集解附例》

成书于1610年，据万历年间修订的《明会典》所载律例，加以纂注成书。律后附纂注，解说律文；并加备考，释疑解惑。《明律集解附例》是明律注释的集大成者，是最具影响力的明代律注文献。1908年沈家本主持重刊。

《王肯堂笺释》

该书比较详备地研究了明代律例源流、演变、意旨，明万历年间刊行，清代、民国均曾多次重刊。

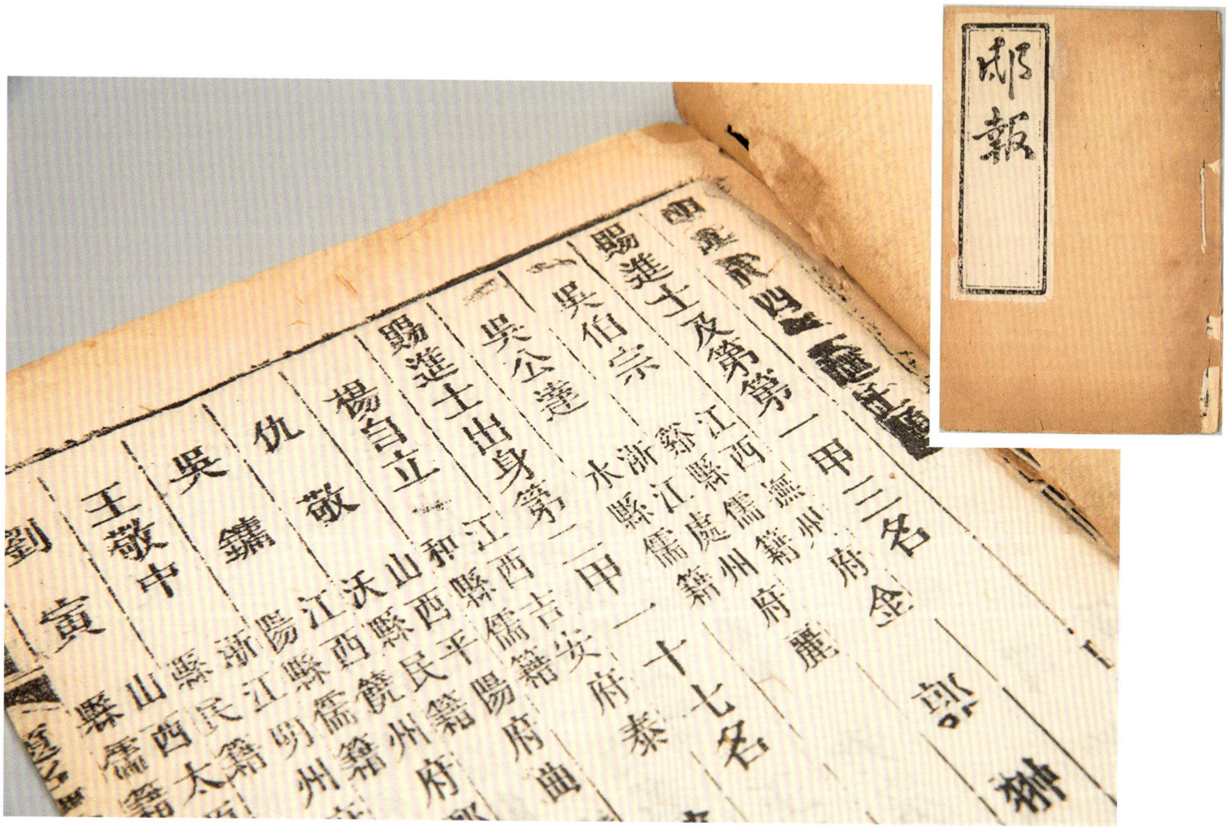

《邸报》

明洪武四年（1371 年）公布殿试金榜题名的全体进士的题名碑录。1371 年参加殿试考试后的全部进士的名字要刻碑到国子监，同时印刷纸质册子用于朝廷传知朝政。

《法国民法典》

2015 年 9 月 22 日，为庆贺中国法院博物馆即将开馆，法国最高法院院长卢维尔将这册 1806 年版《法国民法典》通过中国驻法大使转赠中国法院博物馆收藏展出。

《大清律例增修汇纂集成》

1898年（清光绪二十四年）成书，共4函24册，收录清代律文、定例，是比较完备的清代法典。

《钦定大清会典》

成书于 1899 年（清光绪二十五年），是康熙、雍正、乾隆、嘉庆、光绪五朝所修会典的总称。包括会典、会典事例、会典图共 82 函，黄册装帧，详细记载了清代从开国到清末的行政法规和各种事例。

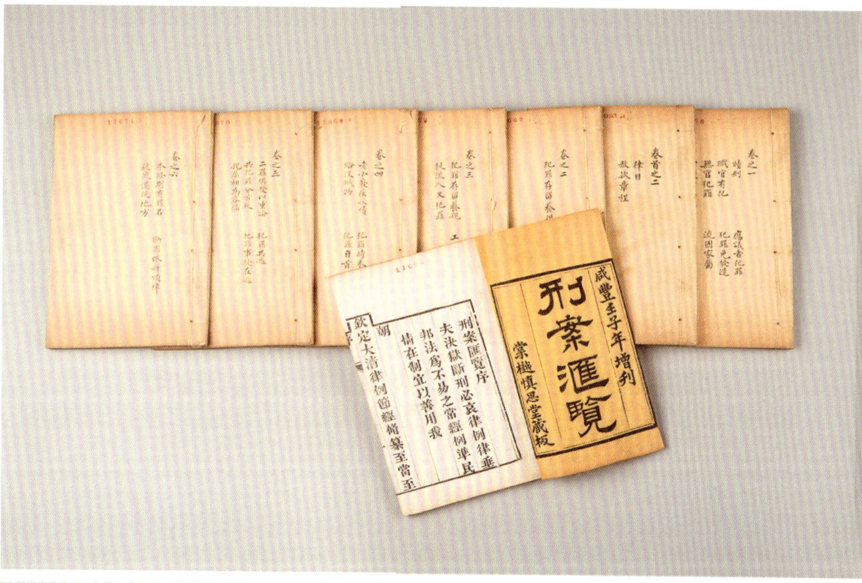

《刑案汇览》

《续增刑案汇览》《刑案汇览续编》《新增刑案汇览》组合

《刑案汇览》是清代乾嘉年间的重要案例汇编，《刑案汇览》及《续增刑案汇览》《刑案汇览续编》《新增刑案汇览》等四种共124卷，收录了自1736年（乾隆元年）至1885年（光绪十一年）的刑事案件9200余件，是研究清代审判的珍贵资料。

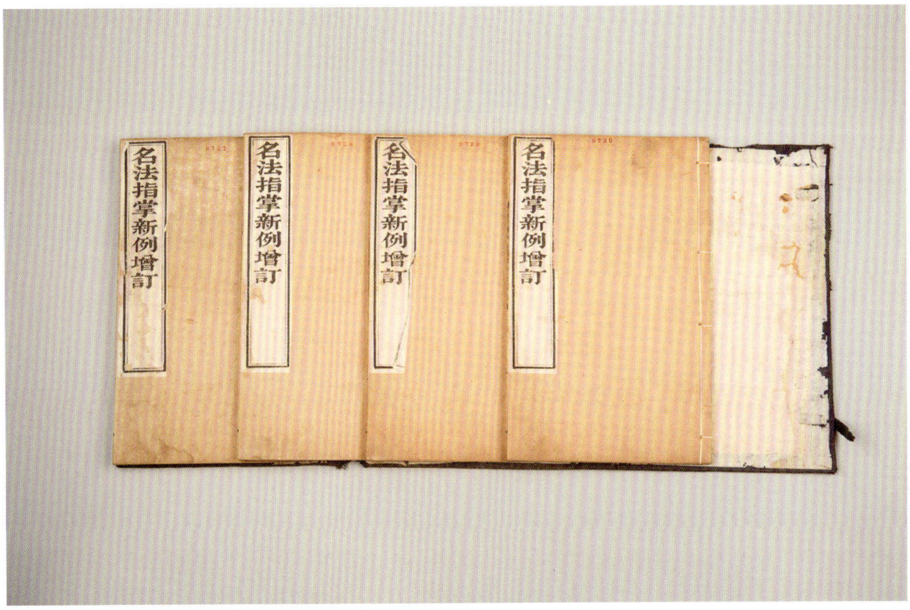

《名法指掌新例增订》

《名法指掌》成书于 1833 年（道光十三年）。该书将《大清律例》条文简绘成图表，使罪名与处分相对，便于定案时查验印证，是研究清代刑法的珍贵资料。

《刑部说帖揭要》

《刑部说帖》成书于 1833 年（清道光十三年），是清代刑部官员对报核疑难复杂案件提出的处理意见及三法司商讨案件的记录底本，其中一部分案件整理后会被收入律例中成为定例，未收录者存馆备查。《刑部说帖揭要》是对刑部说帖进行整理后汇编成书。

《驳案彙编》

成书于1883年(清光绪九年)，是乾隆年间《驳案新编》及嘉庆年间《驳案续编》的合刊本，共收录乾隆、嘉庆年间的驳案381宗，其中大都是经过刑部“奉上谕指驳改拟”的成案。本书案例编撰重视对于案件量刑畸轻畸重的讨论和批驳，援引律法、成案准确，议论精当、批驳有据，从中可以看到清代判例在审判实践及法律修订中的作用与影响。

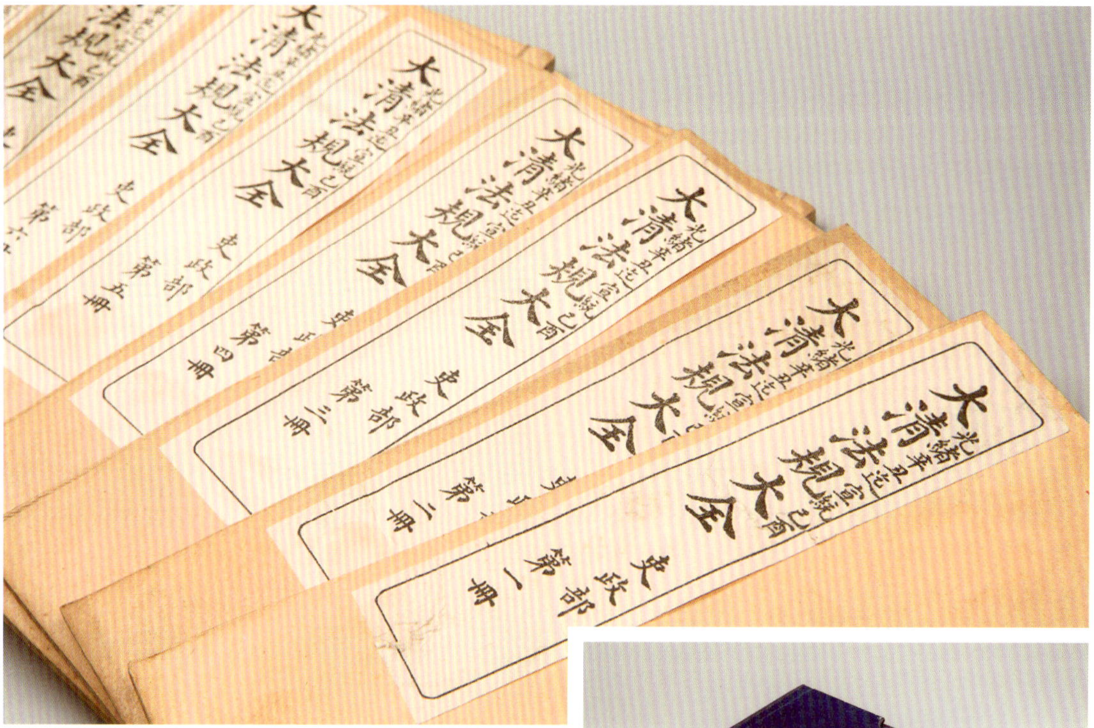

《大清法规大全》

清朝末年，沈家本、伍廷芳担任修律大臣，于 1901 年（光绪二十七年）至 1909 年（宣统元年）组织起草《大清法规大全》，最终由宪政编查馆编纂而成，1911 年（宣统三年）上海政学社印行。

《大清法规大全》收录了 1901 年至 1909 年交通、军政、教育等多部门的章程、法律，及各部官员上奏皇帝的奏折。

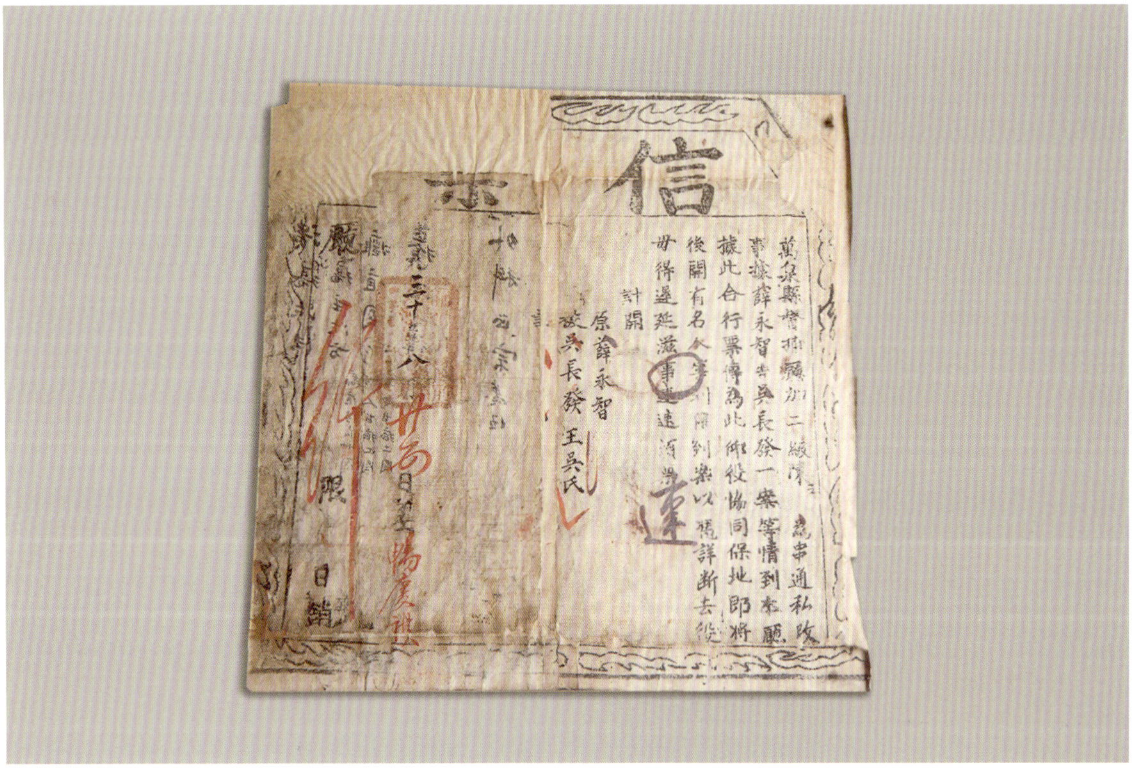

【信票】

信票是清代的下行公文之一，主要用于发布命令、指示、通知等事项，或者用于催稽公事及拘提人犯、调取案卷、官物等。图为1850年（清道光三十年）拘传原被告到案的信票。

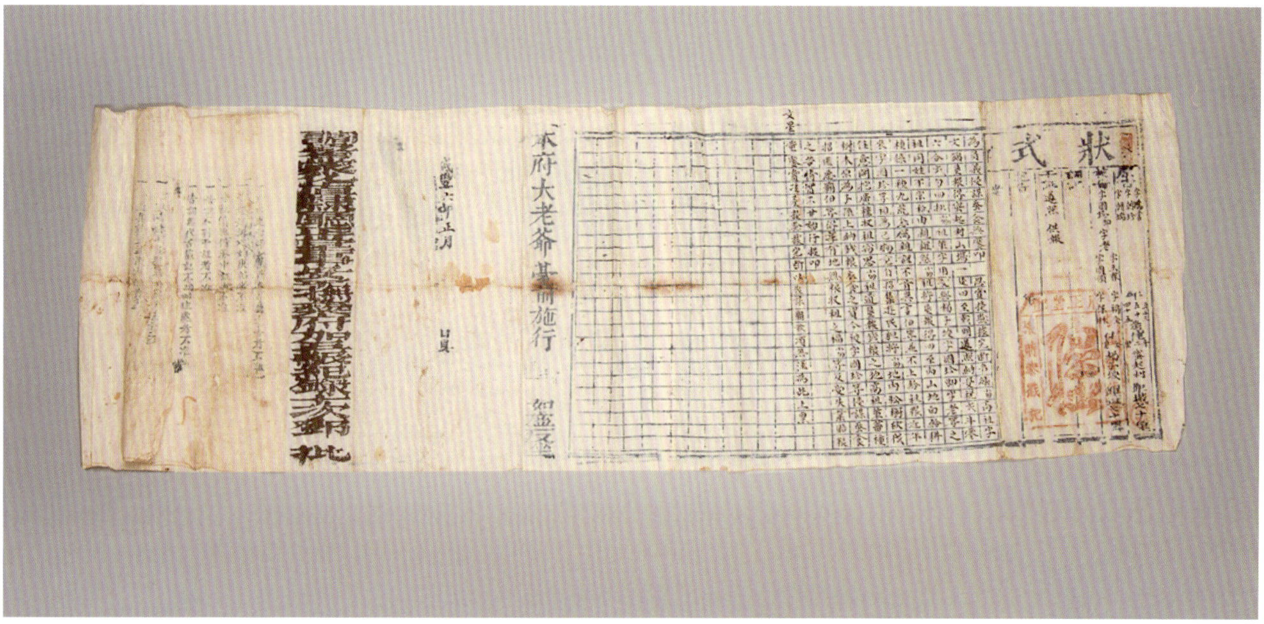

【清咸丰六年（1856 年）状式】

状式即印有规定格式的诉讼用纸。

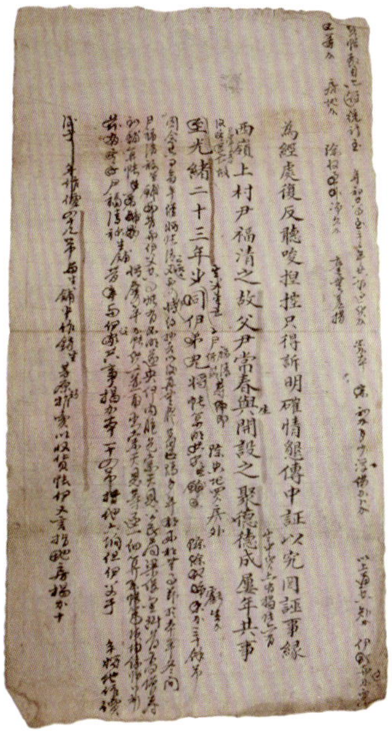

【清光绪三十四年（1907 年）民事诉讼文书】

该案是清末因生铺归属纠纷引起的民事诉讼案件，通过该诉讼文书可以了解到清末民间商业纠纷的案件审理情况。

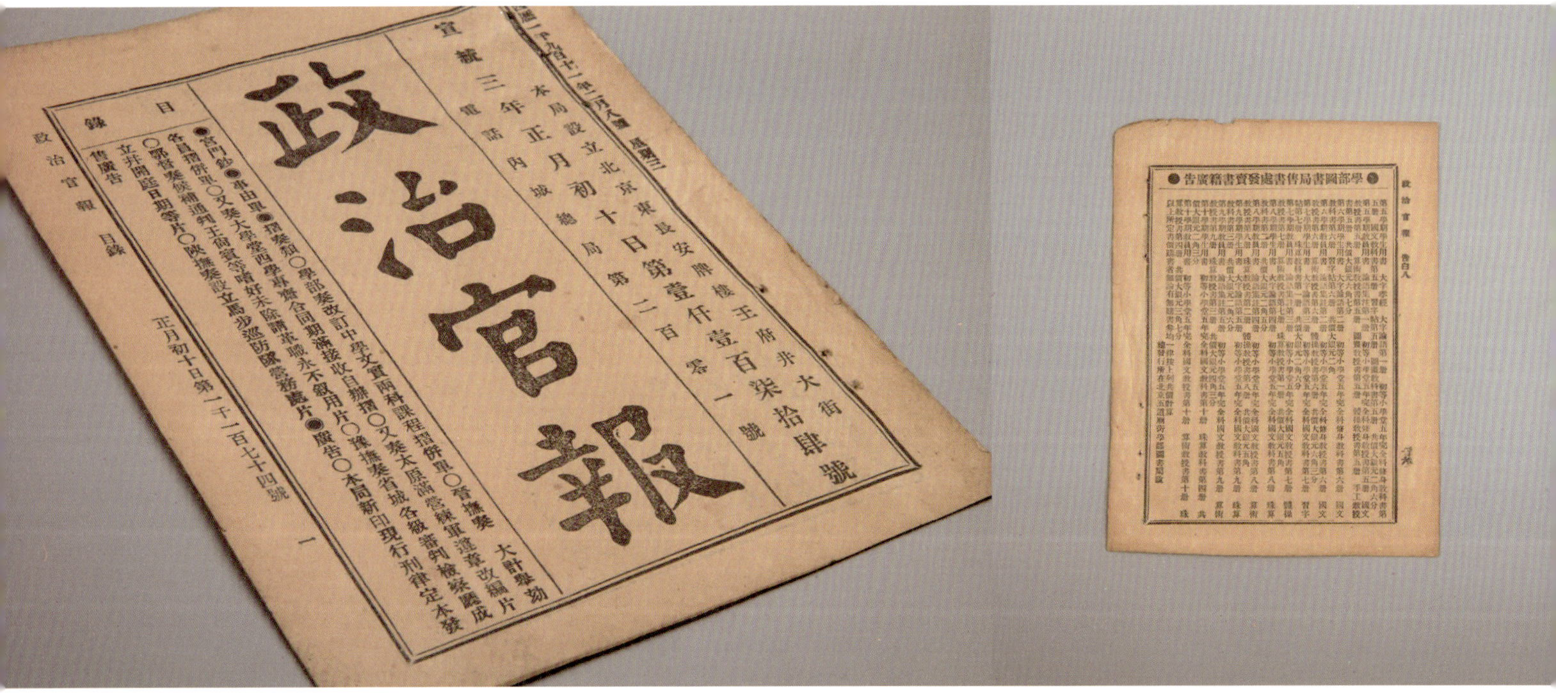

《政治官报》

清政府于 1907 年（光绪三十三年）10 月创办，主要职能为公布谕旨、奏章、法律、命令、对外条约等，按期分送京内各部院及各省督抚衙门。本期《政治官报》（第 1174 号）登载了各省成立审判、检察机构以及大清现行刑律定本发售公告等内容。

【清光绪年间刑具】

清光绪年间，山西忻州官府办案时使用过的方形和三角形铁烙。

【清末刑罚组图】

中国法院博物馆珍藏的两套清末刑罚组图分别为：水彩画一册共 23 幅；通草纸画一套共 12 幅。两组图工笔细腻，形象地反映了清末的刑罚情况。

【通草纸画】

【水彩画】

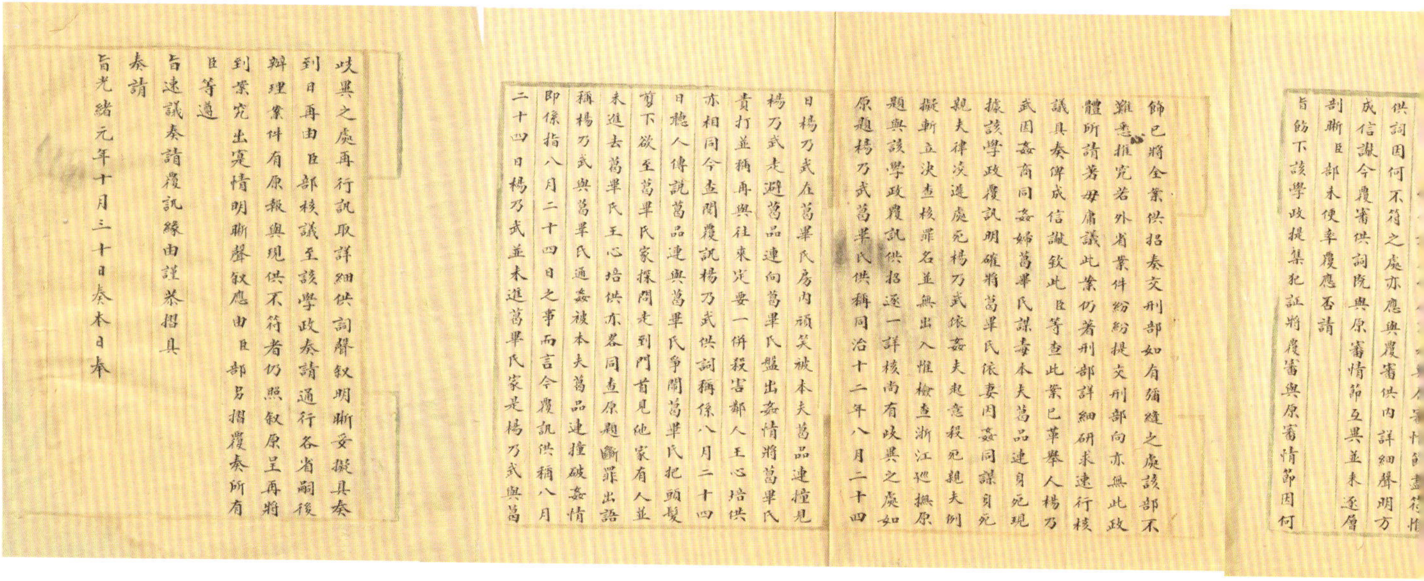
供詞因何不符之處亦應與覆審供內詳細聲明方
成信讞今覆審供詞既與原審情節互異並未逐層
剖晰臣部未便率覆應否請
旨飭下該學政提集犯証將覆審與原審情節因何
飾已將全案供招奏交刑部如有彌縫之處該部不
難悉心推究若外省案件紛紛提交刑部向亦無此政
體所請著毋庸議此案仍著刑部詳細研求速行核
議具奏俾成信讞欽此臣等查此案已革舉人楊乃
武因姦商同姦婦葛畢氏謀毒本夫葛品連身死現
據該學政覆訊明確將葛畢氏依妻因姦同謀殺死
親夫律凌遲處死楊乃武依姦夫起意殺死親夫例
擬斬立決查核罪名並無出入惟檢查浙江巡撫原
題與該學政覆訊供招逐一詳核尚有歧異之處如
原題楊乃武葛畢氏供稱同治十二年八月二十四
日楊乃武在葛畢氏房內頑笑被本夫葛品連撞見
楊乃武走避葛品連向葛畢氏盤出姦情將葛畢氏
責打並稱再與往來定要一併殺害鄰人王心培供
亦相同今查閱覆訊楊乃武供詞稱係八月二十四
日聽人傳說葛品連與葛畢氏爭鬧葛畢氏把頭髮
剪下欲至葛畢氏家探問走到門首見他家有人並
未進去葛畢氏王心培供亦畧同查原題斷罪出語
稱楊乃武與葛畢氏通姦被本夫葛品連撞破姦情
即係指八月二十四日之事而言今覆訊供稱八月
二十四日楊乃武並未進葛畢氏家是楊乃武與葛
歧異之處再行訊取詳細供詞聲敘明晰妥擬具奏
到日再由臣部核議至該學政奏請通行各省嗣後
辦理案件有原報與現供不符者仍照敘原呈再將
到案究出實情明晰聲敘應由臣部另摺覆奏所有
臣等遵
旨速議奏請覆訊緣由謹恭摺具
奏請
旨光緒元年十月三十日奉本

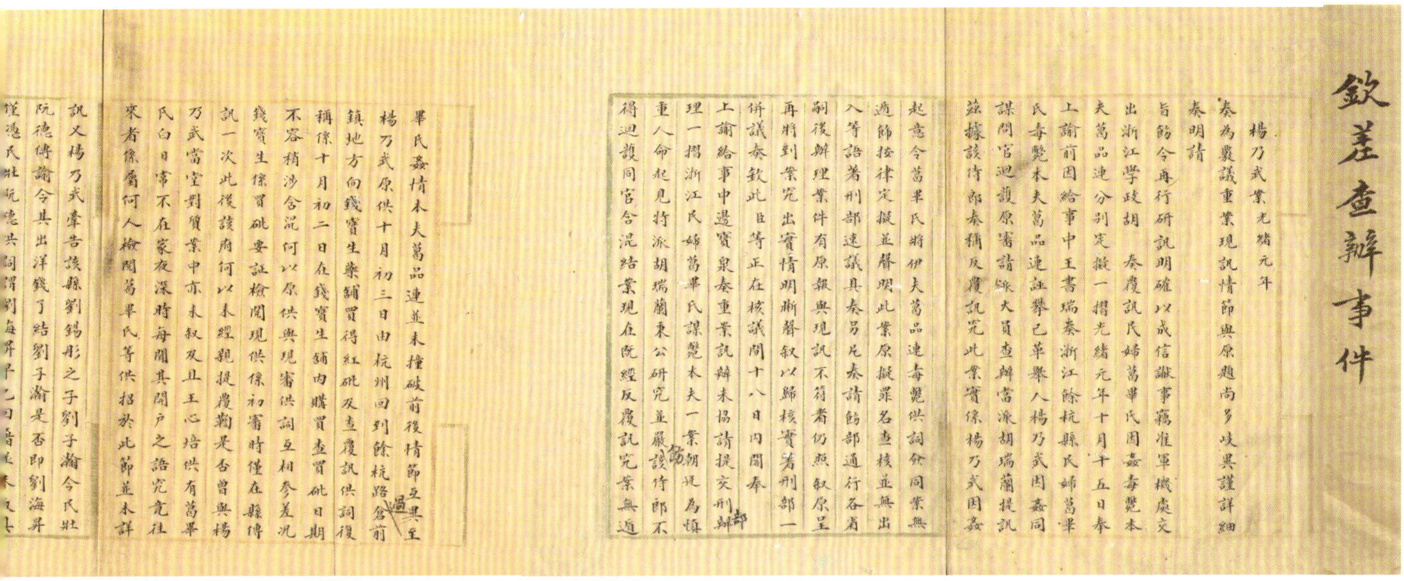
欽差查辦事件

《钦差查办事件》

发生于1873年（清同治十二年）的杨乃武案是晚清四大冤案之一。举人杨乃武被诬与葛毕氏通奸谋害本夫，被判处死刑。后经浙江士绅联名上书，交刑部反复查勘，最终洗雪冤情。这里收录的《钦差查办事件》对清政府派员反复查验案件的经过有详细的记载。

《清代名臣判牍》

共四卷，铅印本，线装。卷一胡林翼，卷二曾国藩，卷三朱之榛，卷四樊增祥。许世英署签，民国十五年（1926年）上海广益书局出版发行。

《沈寄簃先生遗书》

清末著名法学家沈家本先生的文集，分甲、乙两编。甲编是法学著作，共22种，86卷。乙编主要有：《说文引经异同》《日南读书记》《读史琐言》《日南随笔》《枕碧楼偶存稿》等13种，104卷。此外，还有未刊书目：《秋谳须知》《律例偶笺》《律例杂说》《读律校勘记》《奏谳汇存》《驳稿汇存》《雪堂公牍》《压线编》《刺字集》《文字狱》《刑案汇览三编》等。

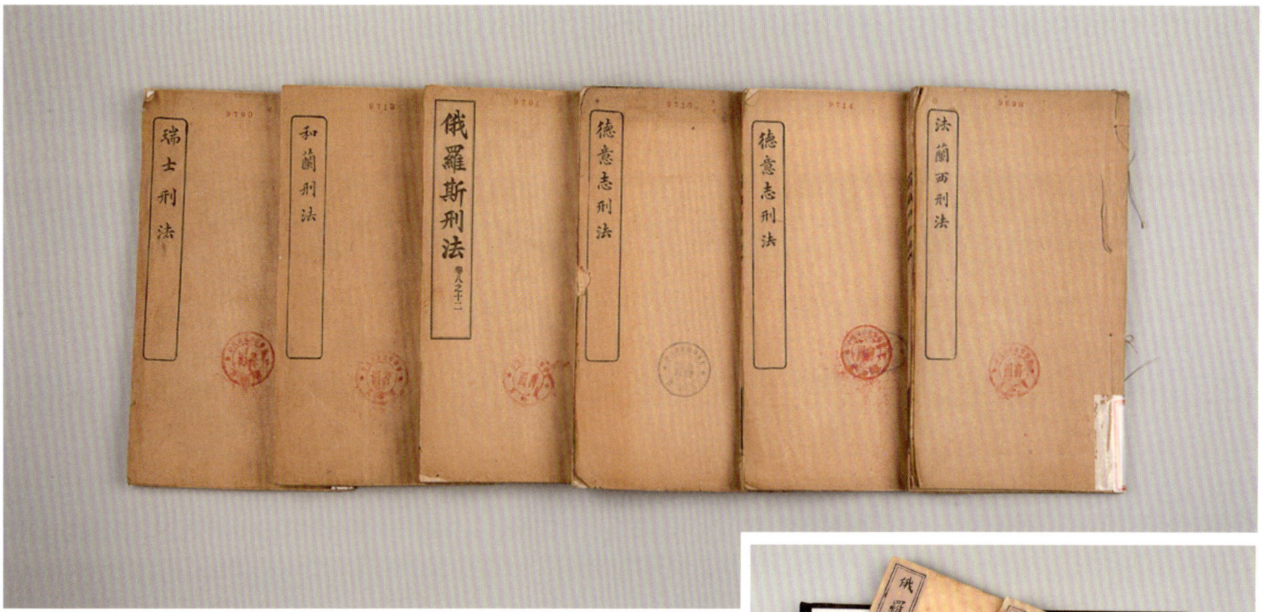

《法兰西刑法》
《德意志刑法》
《俄罗斯刑法》
《和兰刑法》
《瑞士刑法》
《俄罗斯民法》

【清末修律时期的译著】

清末修律是中国历史上第一次全面系统地引进和介绍西方资本主义法律制度和法律学说。修律过程中，在沈家本等人的主持下，修订法律馆组织翻译了几百种西方各国的法律文本和法律著作，并聘请外国法学家来华讲学，参与法律草案的研究和拟定工作。这些活动使得西方法律学说有系统、成规模地介绍到中国，在客观上促进了现代法律思想在中国的传播和普及。中国法院博物馆现存的部分西方各国的法律文本即为当时修订法律馆翻译。

【大清刑律】

在沈家本等人的主持下，清政府陆续起草、制定了宪法、刑法、民法、商法、诉讼法等法律草案，为中国法律现代化奠定了基础。

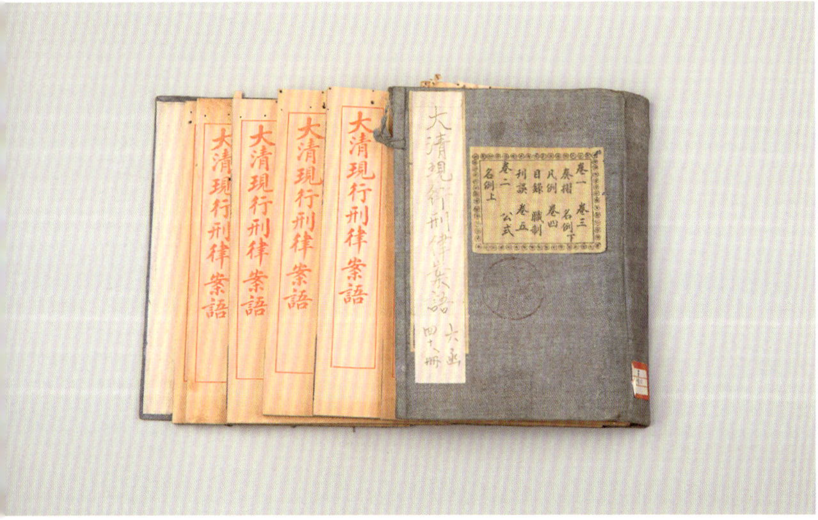

《大清现行刑律案语》（部分）

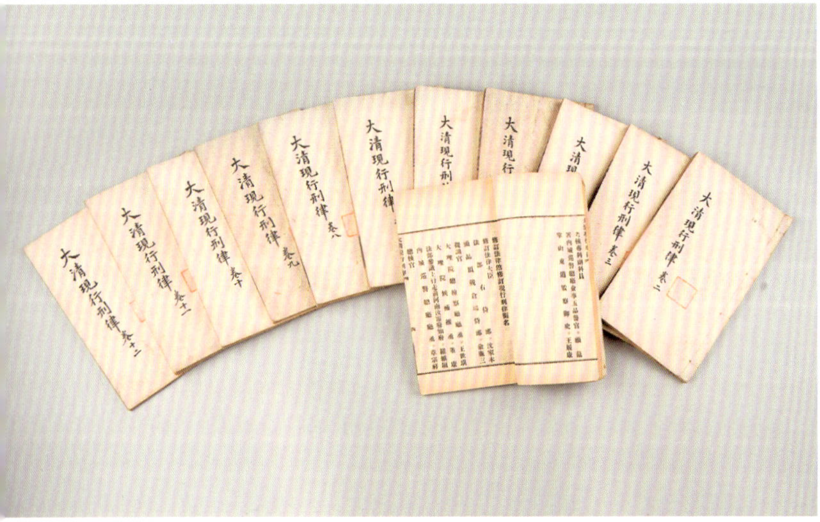

《大清现行刑律》

《大清刑律分则草案》

《大清刑律草案正文》

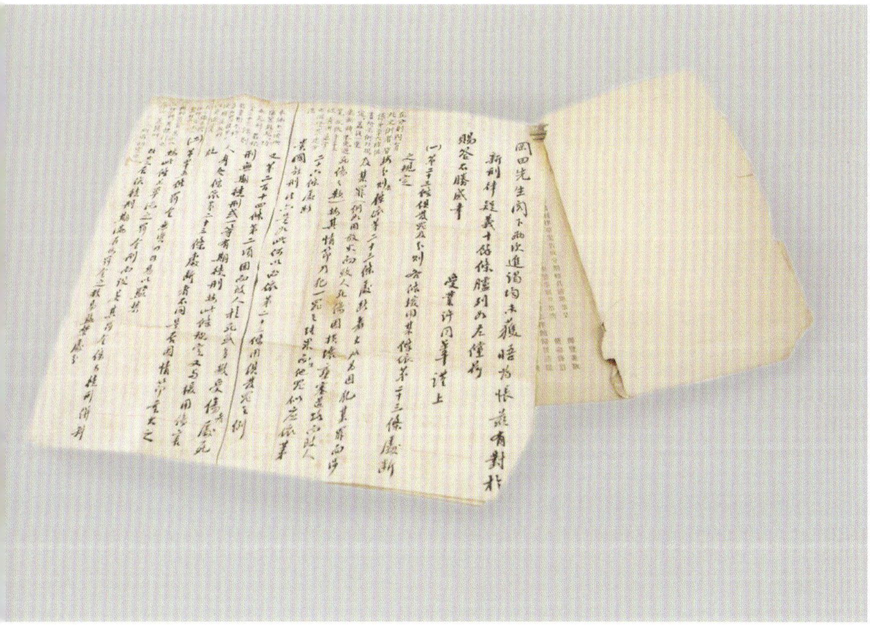

【修律馆讨论大清新刑律条文的信件】

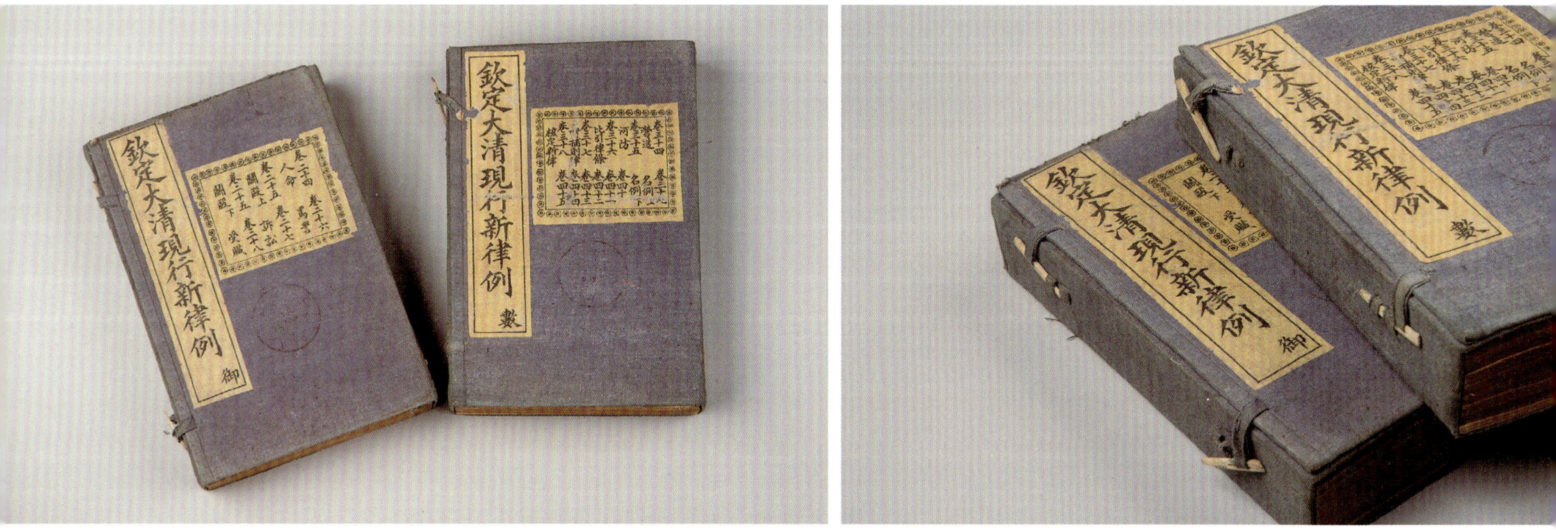

《钦定大清现行新律例》

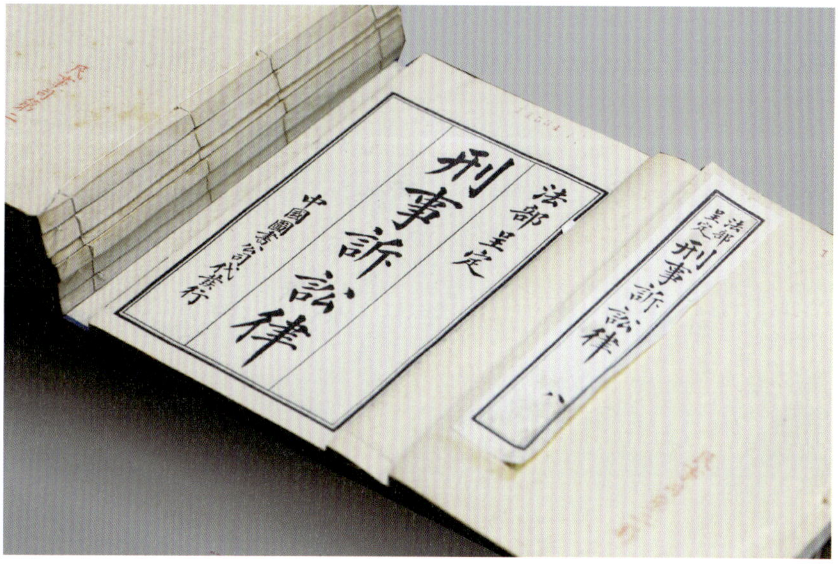

《法部呈定刑事诉讼律》《法部呈定民事诉讼律》

1908年，清政府因仿行立宪需要，分别单独修订刑事、民事诉讼律。1910年12月，沈家本、俞廉三将草案进呈。后因辛亥革命爆发，清朝灭亡，这两部诉讼法草案都未能核议颁布。

【会审公廨】

鸦片战争后，随着一系列不平等条约的签订，西方列强逐步获得在华的领事裁判权。1868 年清政府与英法美等订立《上海洋泾浜设官会审章程》，在租界内设会审公廨，标志着公共租界畸形司法制度的正式形成。会审公廨中，外国领事把持审判权，严重破坏了中国的司法主权。

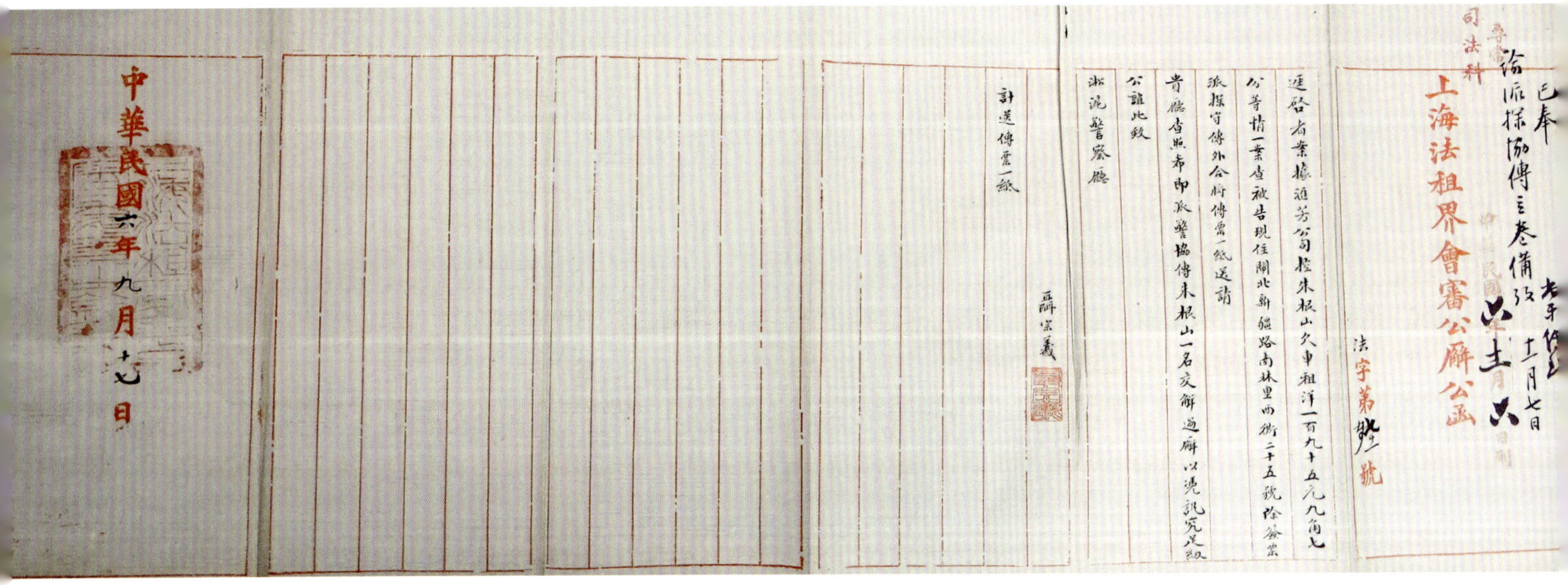
上海法租界會審公廨公函

法字第[illegible]號

逕啓者案據滙芳公司控朱根山欠車租洋一百九十五元九角七分等情一案查被告現住閘北新疆路南林里西街二十五號除簽票派探守傳外合將傳票一紙送請貴廳查照希即派警協傳朱根山一名交解過廨以憑訊究是紉公誼此致

淞滬警察廳

計送傳票一紙

聶宗羲

中華民國六年九月十七日

1917 年 9 月 17 日，上海法租界会审公廨为审理汇芳公司控告朱根山欠缴车租一案，以会审公廨的名义发出的公函。公函要求警察厅派警员协助传被告到庭讯问。

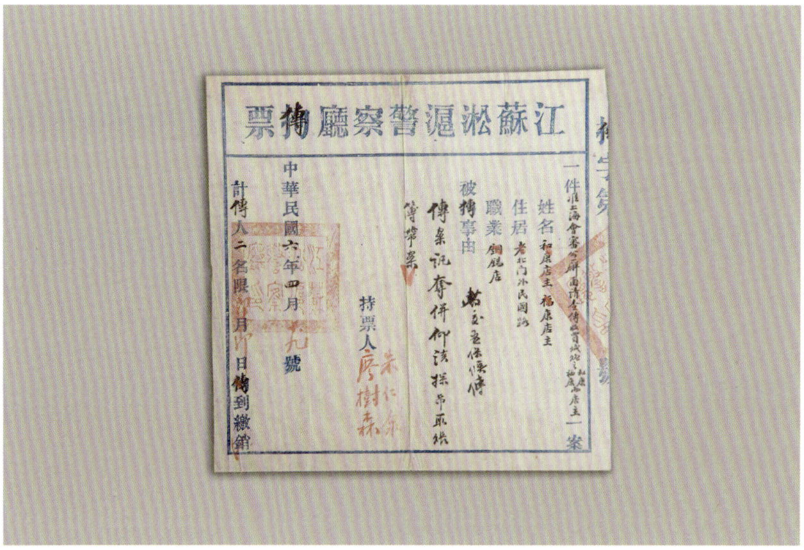

江蘇淞滬警察廳傳票

一件 案

姓名

住居

職業

被傳事由

持票人

中華民國六年四月 號

計傳人 名限 月 日傳到繳銷

1917 年 4 月 19 日，江苏淞沪警察厅根据上海会审公廨的函请发出的传票。

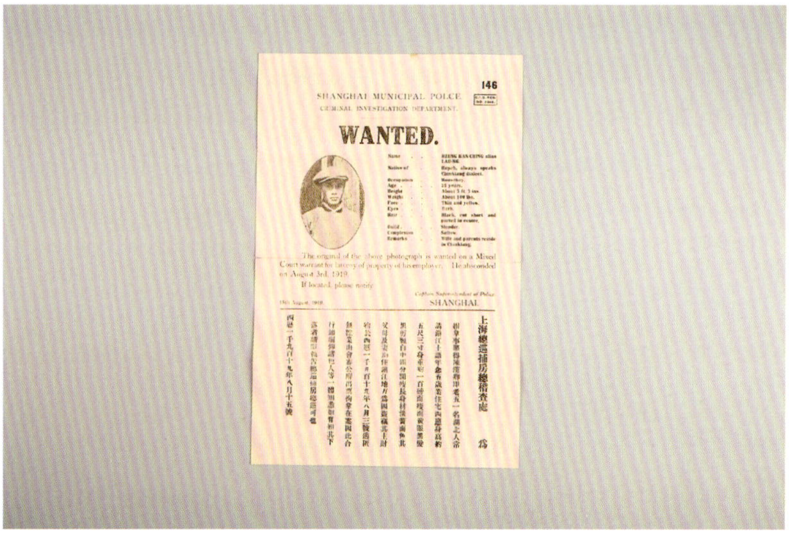

146

SHANGHAI MUNICIPAL POLICE

CRIMINAL INVESTIGATION DEPARTMENT.

WANTED.

The original of the above photograph is wanted on a Mixed Court warrant for larceny of property of his employer. He absconded on August 3rd, 1919.

If located, please notify

SHANGHAI.

上海總巡捕房總稽查處

1919 年 8 月 15 日，根据上海会审公廨的拘拿票，上海总巡捕房总稽查处发布的中英双语的通缉令。

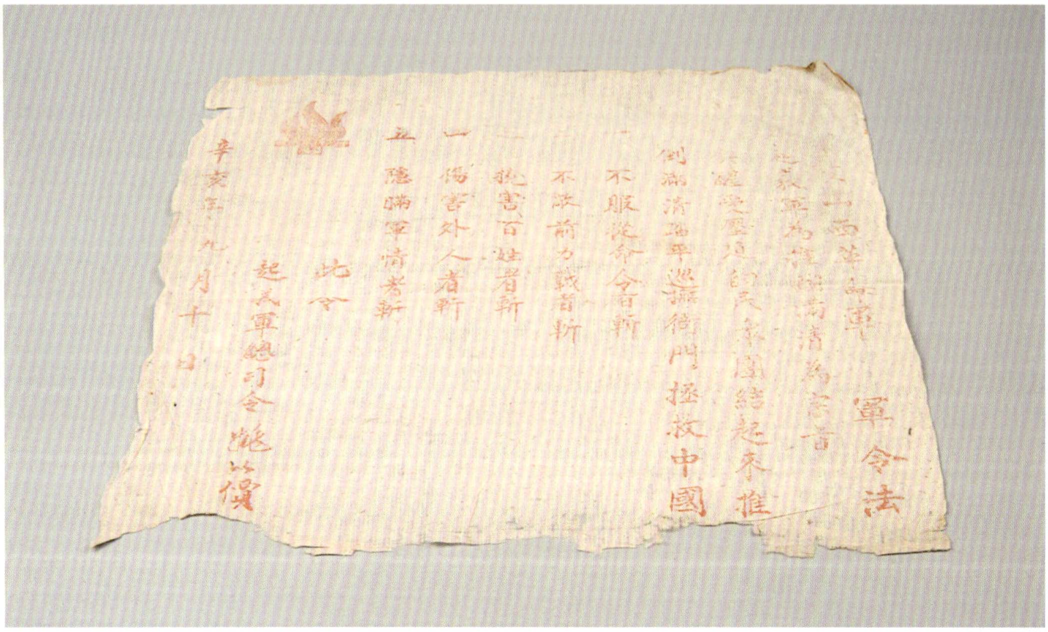

【军令法】

辛亥革命期间，革命军为推翻清朝政权、准备起义而颁布的军令法。

《通商司外政司交涉各案节要》

该文献记录了1912年，北洋政府与西方列强对有关刑事、民商事案件，包括列强在华军事、经济权益纠纷，海外华侨、华工保护等各类案件进行交涉的情况。

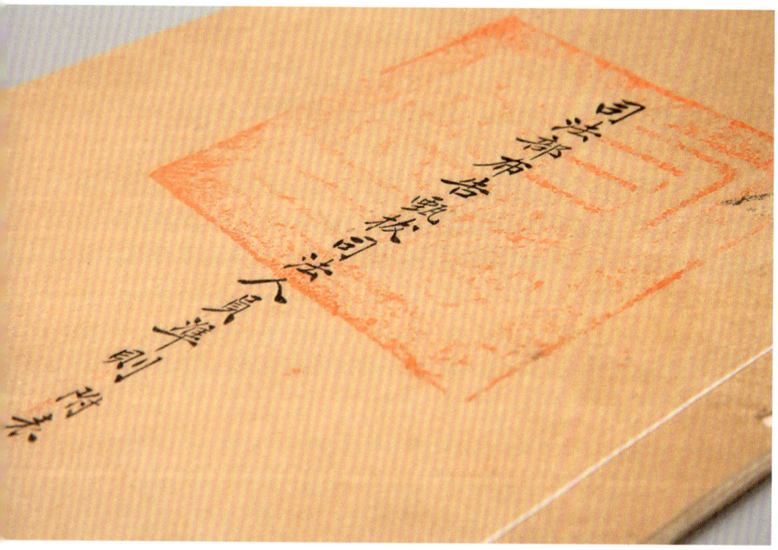

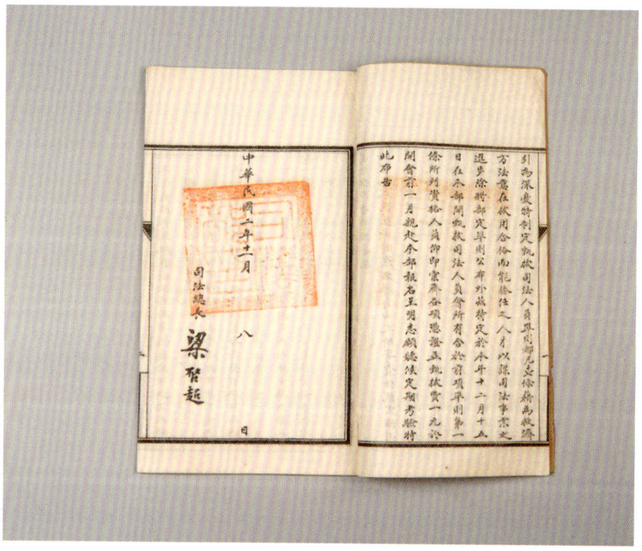

《司法部布告甄拔司法人员准则》

1913 年，中华民国政府司法总长梁启超签发的甄拔司法人员布告和准则。

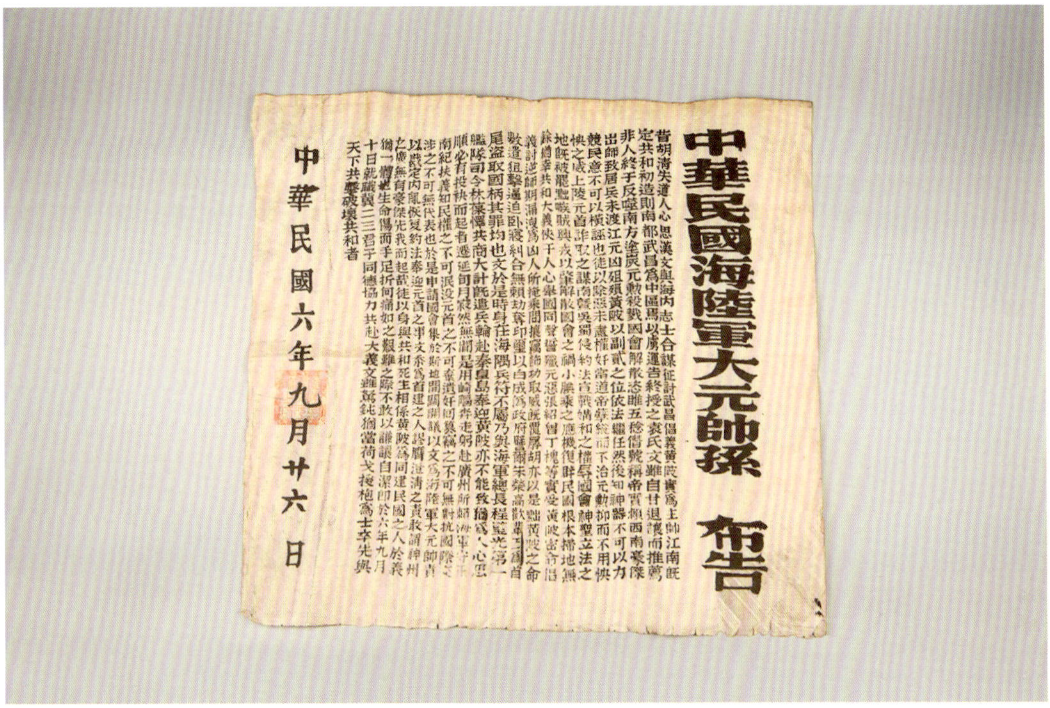

【中华民国海陆军大元帅孙文布告】

1917 年 7 月，以段祺瑞为首的北洋军阀宣布解散国会，废弃《中华民国临时约法》。孙中山在广州被推举为中华民国海陆军大元帅，进行护法战争。图为 1917 年 9 月 26 日中华民国海陆军大元帅孙文宣誓就职暨讨伐以段祺瑞为首的北洋军阀的布告。

【《二十一条》官方声明及条约附录文件英文译本】

1915 年北洋政府与日本帝国政府就《二十一条》进行谈判后所作的官方声明及条约附录文件英文译本。

《现行中华法规大全》

1915 年（民国四年）

馆内收藏上海共和编译局 石印本

【中华民国大理院资料】

辛亥革命后，北洋政府以司法部为最高司法行政机关，大理院为最高审判机关。大理院设院长一人，其下分置民事、刑事庭，各置推事若干人，实行五人合议审判制。大理院审判不服高等裁判厅第二审判决而上诉的案件，不服高等审判厅的决定或命令、依法抗告的案件以及依法属于大理院特别权限的案件。大理院内附设总检察厅，主要负责起诉重大案件，并监督下级检察厅的活动。

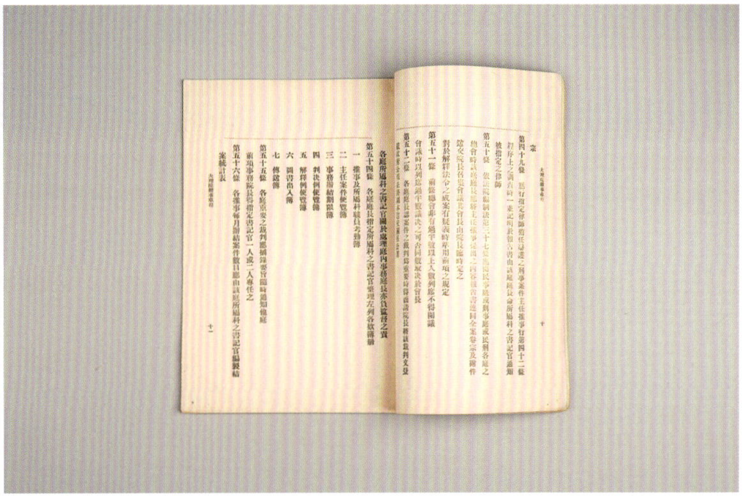

《大理院办事章程》

《大理院现行六法释例》

《中华民国大理院革新概论》（中英双语版）

1923年5月，北洋政府司法部驳回宋修荣为土地纠纷一案申请再审的批复（第718号）

该批复盖有北洋政府司法部方印和司法总长程克的方印，批复内文："凡已经判决之案，除经上级法院废弃原判，发还更为审判外，决无可以更为审判之理。"

1925 年 8 月，国宪起草委员会事务处编撰的《草宪便览》

《草宪便览》是北洋政府时期由国宪起草委员会事务处负责编撰的一部宪法汇编，汇集了民初以来的宪法草案，包括《天坛宪草》和《大总统选举法》等。在附录部分详细罗列了民初以来宪法草案条文比较、参与草拟宪法的人员名单，是研究我国宪法史的重要史料。

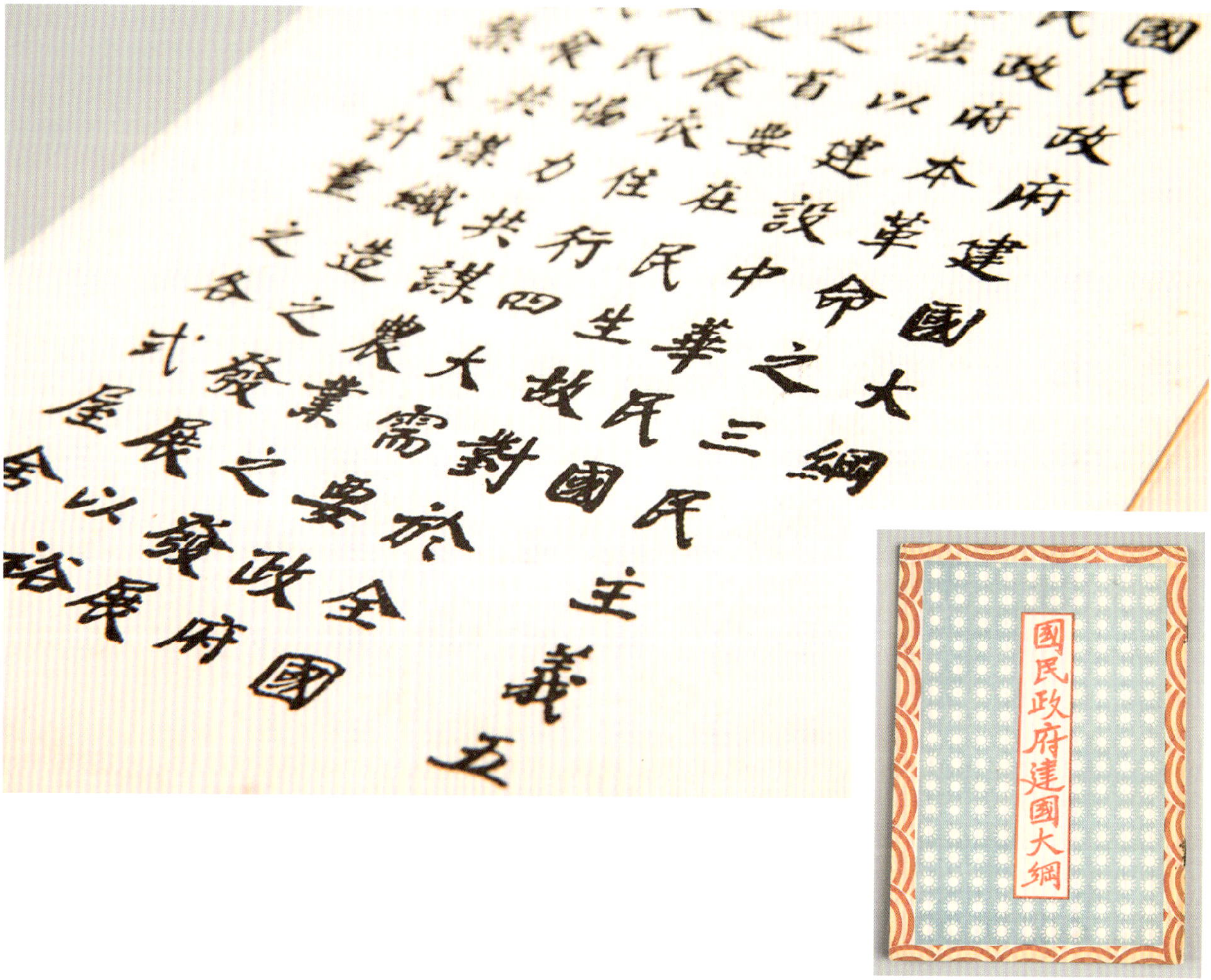

《国民政府建国大纲》

全文25条，是中华民国成立后，孙中山针对国家建设所提出的规划方案。大纲中以选举、罢免、创制、复决作为人民应有之“权”，以行政、立法、司法、考试、监察作为政府施政之“能”，权能区分，造成“万能政府”，以实现“三民主义”。

最高法院昨公布
陳獨秀案判決書
一原判處以徒刑十三年未免稍重
一陳等上訴尚非毫無理由
蘇高法院執行令到京即執行徒刑

1934 年 8 月 11 日，刊载最高法院公布陈独秀案判决书等内容的《世界日报》

1927 年，陈独秀被开除中共党籍后，在上海组织共产党左派反对派团体，宣传共产主义，攻击国民政府，主张第三次革命。1933 年 4 月，陈独秀被江苏高等法院以“危害民国罪”判处有期徒刑 13 年，剥夺公权 15 年。陈独秀上诉至中华民国最高法院。中华民国最高法院于 1934 年 7 月 20 日宣判，将陈独秀的有期徒刑减为 8 年。

【司法类公报】

民国时期官方出版的司法类期刊，包括《司法公报》《司法院公报》《司法行政公报》。《司法公报》记录了民国时期的各种立法、司法状况，是研究民国法律制度、司法实践的不可或缺的珍贵资料。这里收录的是 1919 年 6 月 30 日《司法公报》、1932 年 10 月 15 日《司法行政公报》。

民国中期，福建省政和县司法处印章

民国中期，哈尔滨特别市地方法院使用过的印章

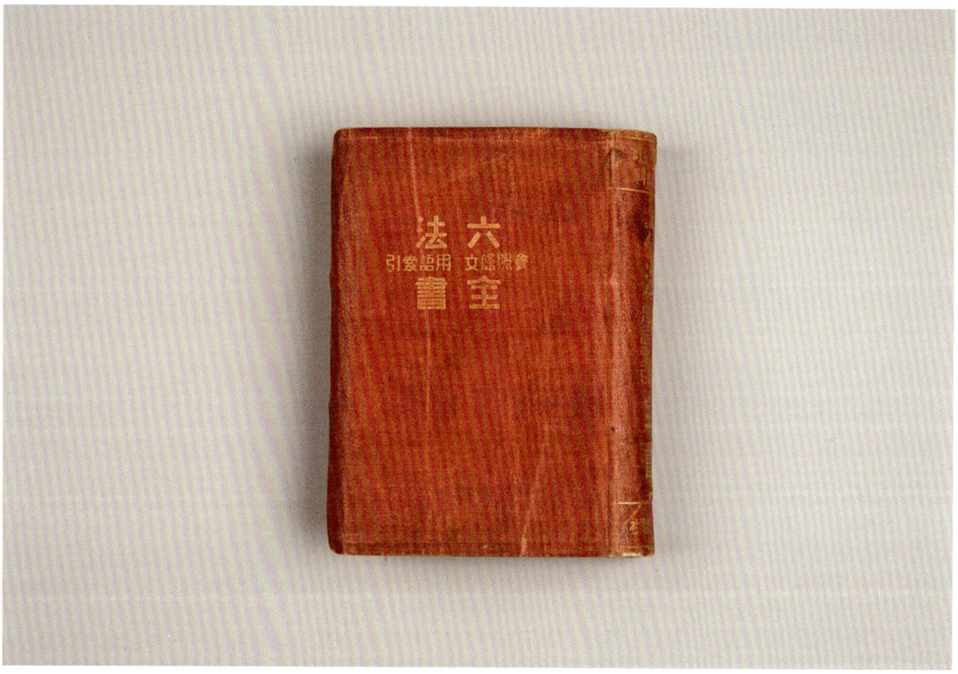

《六法全书》1941 年 1 月出版

南京国民政府成立后，仿照法、德、日等大陆法系国家，建立起以《六法全书》为主体的法律体系，是六个门类的法律法规汇编。最初指宪法、民法、商法、刑法、刑事诉讼法、民事诉讼法，后将商法分别纳入民法和行政法中，而以行政法取代商法。南京国民政府将其合编出版，通称《六法全书》。

1947 年元旦颁布的《中华民国宪法》

北平市各界庆祝制宪完成大会印发

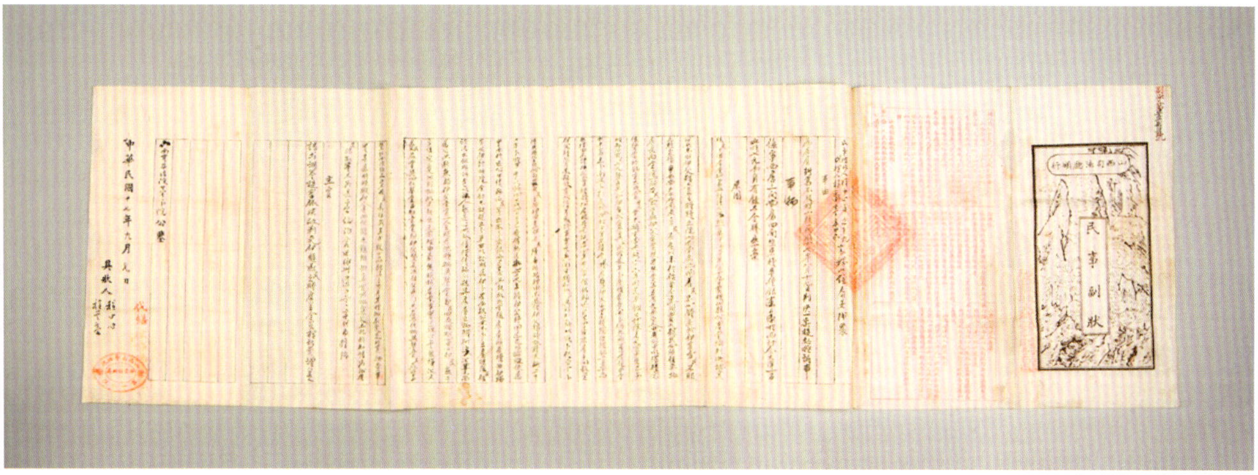

1938 年 9 月，山西高等法院第一分院收到的山西司法厅颁行的带山水画函头的民事上诉状。

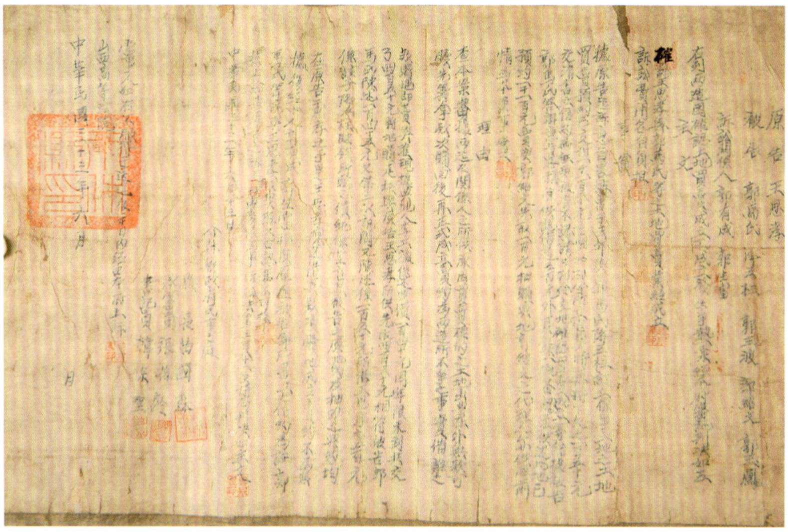

1946 年 12 月，南京国民政府最高法院审理上诉人郭马氏、郭绍文与被上诉人王恩孝确认买卖成立纠纷一案的民事裁定书。

《修正法院书记官任用审查暂行办法、法院书记官官俸暂行规则》

1940年3月1日

《河北省县政府承审官考试暂行规则》

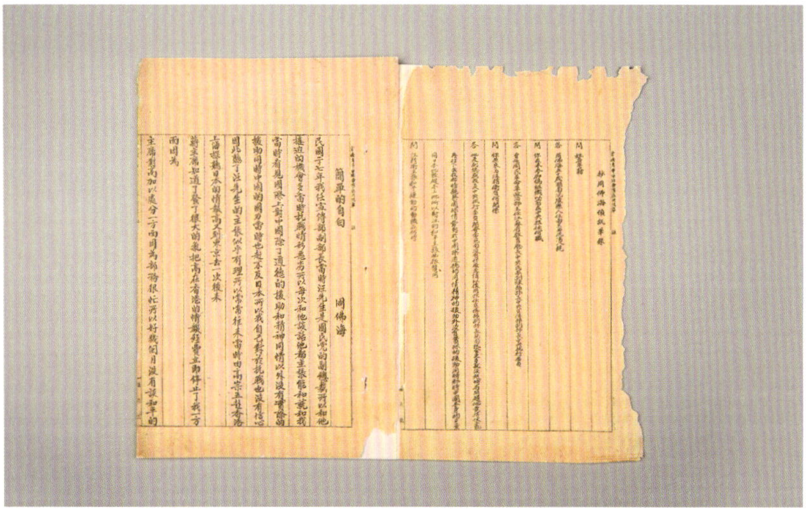
簡單的自白
周佛海

1946 年 10 月，周佛海在被民国首都高等法院检察处侦讯期间写就的《简单的自白》

江蘇高等法院刑事判決

1946 年 4 月，江苏高等法院审理原伪南京国民政府主席、行政院长陈公博汉奸案的刑事判决书（三十五年度特字第三七五号）

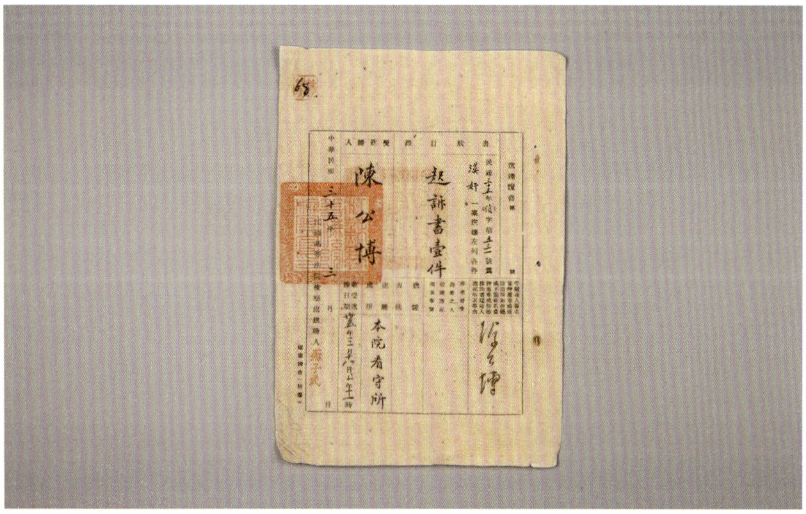
陳公博
起訴書壹件
本院看守所

1946 年 3 月 18 日，江苏高等法院检察处侦讯陈公博汉奸一案的送达回证

民国初期，湖北宜都县司法公署法官使用过的胸徽

民国中期，山东高等法院第七分院法官使用过的胸徽

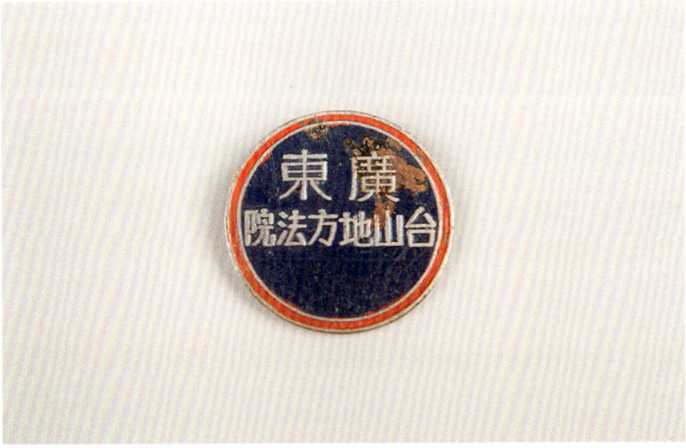

民国中期，广东台山地方法院法官使用过的胸徽

民国中期，上海地方法院承审员使用过的徽章

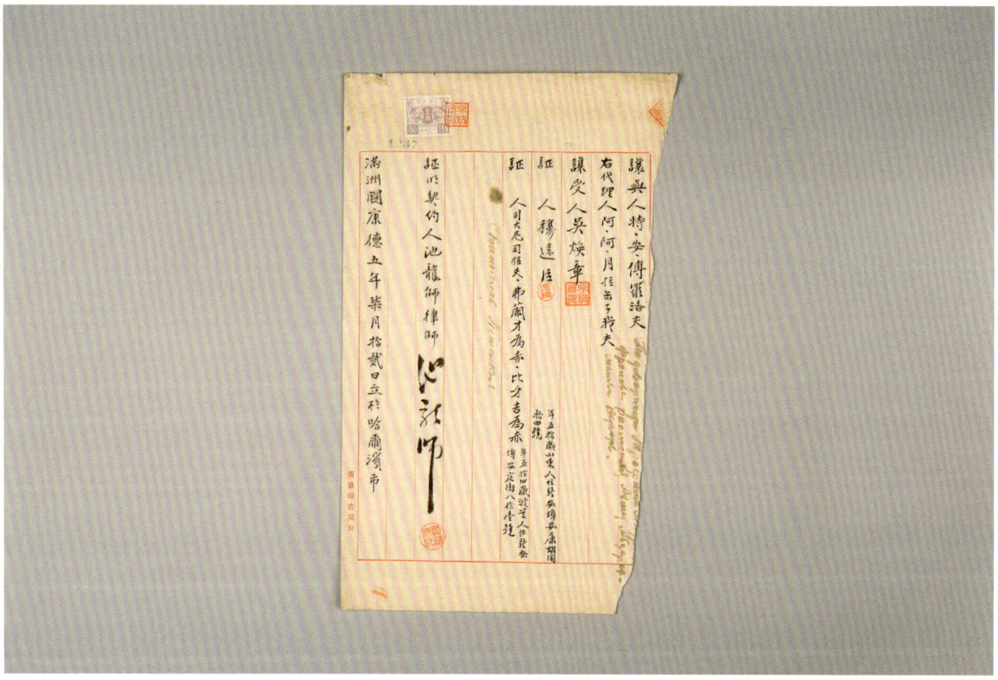

讓與人特、安、傅羅洛夫

讓受人吳煥章

證人穆遠陞

證明契約人池龍師律師

滿洲國康德五年柒月拾貳日立於哈爾濱市

1938 年 7 月，被誉为“中国近代第一位公证人”的池龙师律师签署的证明契约文件。

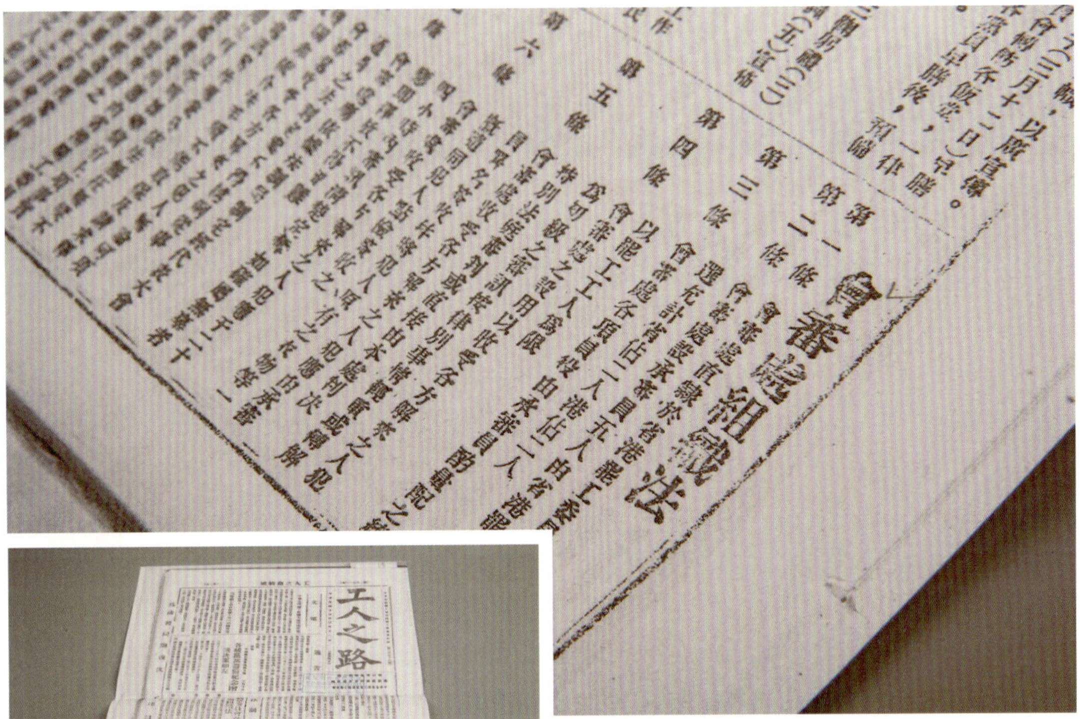

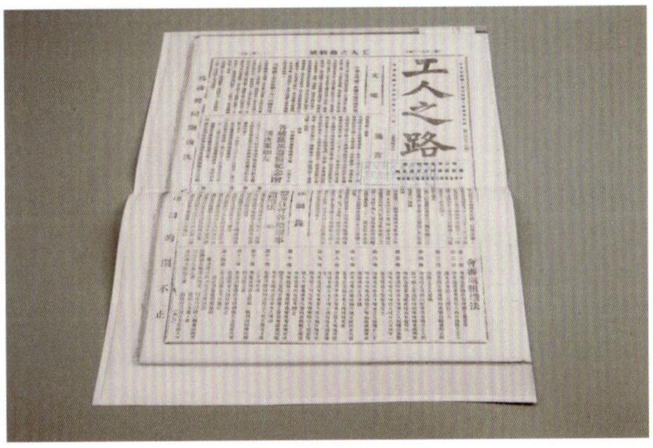

1926 年 3 月 11 日，《工人之路》刊载的省港罢工委员会《会审处组织法》

省港大罢工始于 1925 年 6 月，历时 1 年 4 个月，参与罢工的工人达 20 多万。罢工委员会设有中国共产党领导的会审处等司法组织，惩办破坏罢工的工贼和违法犯罪分子。这是中国共产党领导新民主主义革命法制建设的最初尝试。

《工人之路》是由中华全国总工会省港罢工委员会主办的报纸，1925 年 6 月 24 日创刊，广州“四一五”政变前期被迫停刊。此份报纸刊载有省港罢工委员会《会审处组织法》。

【闽西苏区】

闽西是福建省最早开展司法审判实践的地区。党在创建闽西苏区之初，就十分重视加强廉政建设，闽西苏维埃政府成立前后相继制定了一系列严格的法律法规。1929 年 5 月，在毛泽东亲自主持下成立了永定县革命委员会，同年 10 月，永定县苏维埃政府成立。1930 年 3 月，闽西苏维埃政府成立裁判部和肃反委员会。

闽西苏区长汀县和永定县使用过的印章

（1）长汀县红坊区肃反委员会印章。

（2）永定县下丰第八区潘溪乡纪律裁判委员会印章。

（3）永定县苏维埃政府裁肃委员会印章。

1929 年底 1930 年初，永定县虎岗乡苏维埃政府裁判委员黄广荣使用过的袖章

1930 年《苏维埃区域的状况》

【中华苏维埃共和国临时最高法庭】

1932 年 2 月 19 日，中华苏维埃共和国中央人民委员会决定组建临时最高法庭，代行最高法院职权，委任中共工农检察人民委员部部长何叔衡担任临时最高法庭主席，临时最高法庭指导全苏区的审判工作，并审理在苏区有重要影响的各类案件。

1932 年 3 月中华苏维埃共和国临时最高法庭印

中华苏维埃共和国临时最高法庭长戳

【中华苏维埃最高法院】

中华苏维埃最高法院旧址位于江西瑞金沙洲坝村，成立于 1934 年 2 月 17 日，是中华苏维埃共和国的最高审判机关和终审机关，对苏维埃执行委员会及其主席团负责。董必武任最高法院首任院长。

（1）1934 年中华苏维埃共和国最高法院印

（2）中华苏维埃共和国最高法院长戳

（3）苏维埃最高法院控告举报箱

【中华苏维埃共和国最高特别法庭】

最高特别法庭由中央执行委员会及中央执行委员会主席团授权最高法院组织，直接对中央执行委员会负责，并对其报告工作。特定案件一经审理完毕即自然解散。

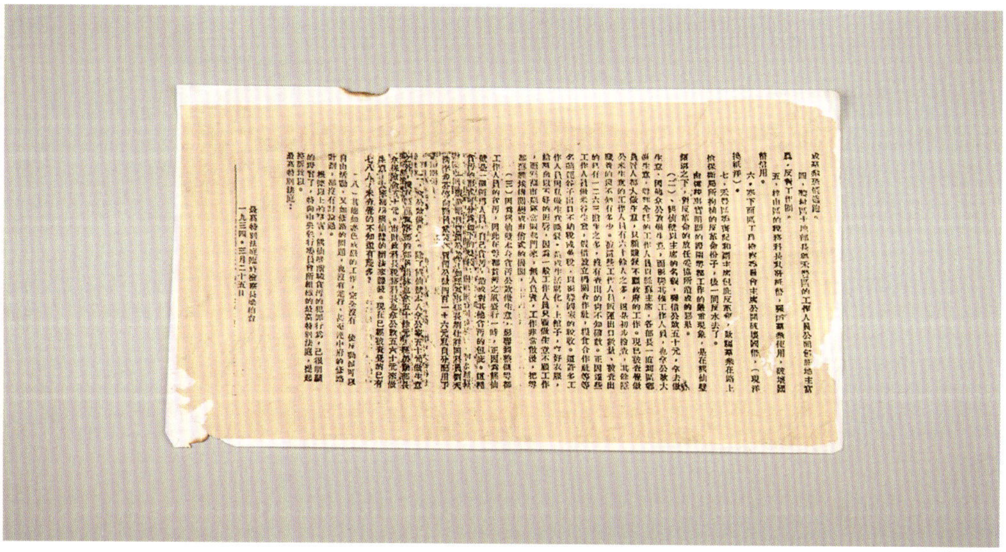

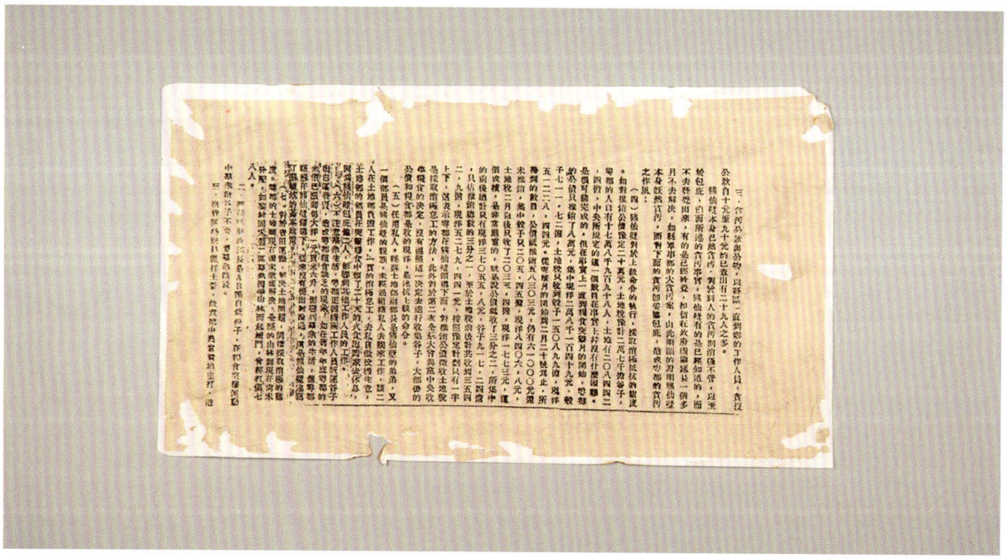

1934 年 3 月 25 日临时检察长梁柏台出庭支持公诉熊仙壁渎职贪污案的控诉书。

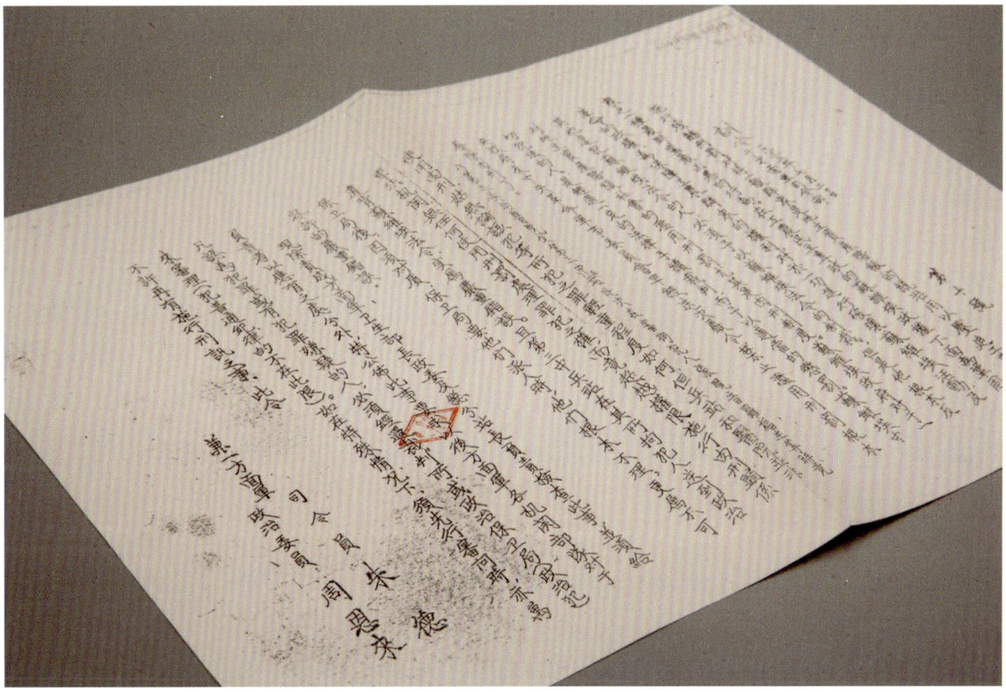

1933年7月20日，红军一方面军司令员朱德、政委周恩来关于再次重申禁止刑罚，废止肉刑，凡犯罪嫌疑人都必须经过裁判所或政治保卫局审判的训令。

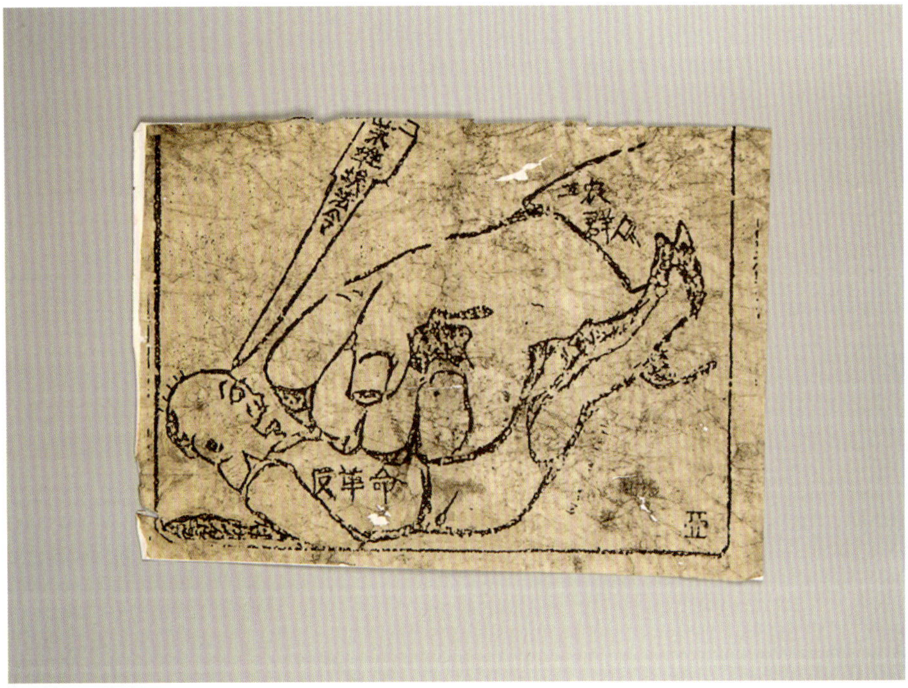

苏区时期法制宣传漫画作品《苏维埃法令和工农群众的铁拳打倒反革命》

《红色中华》

《红色中华》创刊于 1931 年 12 月 11 日。该报主要刊登中央政府的重要文告及主要领导人的讲话，当时中华苏维埃临时最高法庭、最高法院审判的重要案件也在《红色中华》上刊登。

蘇維埃法庭

寫在前面的幾句話

項英

（1）1932 年 3 月 2 日版《红色中华》

本期刊载了项英对苏维埃法庭工作情况的介绍，《写在前面的几句话》主要介绍临时最高法庭和闽西政府刑事法庭工作情况。

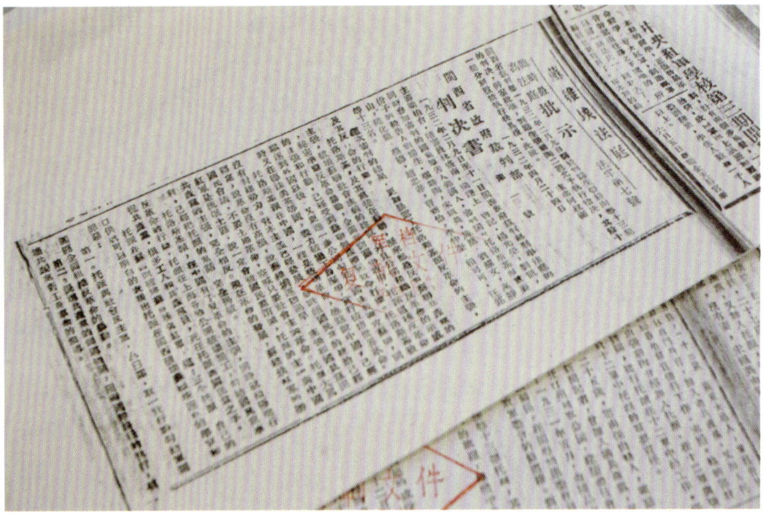

判決書

（2）1932 年 4 月 24 日版《红色中华》

本期刊载了闽西省政府裁判部第一号判决书。

【印章组合】陕甘宁边区

1937年年初，抗日民族统一战线开始形成。中共中央为了联合全国各党派各阶级阶层进行抗日，主动提出改苏维埃政府区域为特区，后协商将特区改为边区，促成全国和平统一，实行团结抗战。边区的行政机构与国民政府的行政机构在建制上也统一起来。原中华苏维埃中央政府西北办事处改组为陕甘宁边区政府。

1937年7月，陕甘宁边区高等法院在原苏维埃特区政府司法部的基础上建立。

陕甘宁边区高等法院印章和陕甘宁边区陕北人民法院印章

三边分区高等法院分庭钤记和延安市地方法院印

陕甘宁边区政府印章和陕甘宁边区人民法院印章

陕甘宁高等法院代院长李木庵印

陕西高等法院、陕甘宁边区人民法院使用过的《康熙字典》

【组合】陕甘宁边区高等法院审判黄克功枪杀刘茜案

黄克功（1911-1937 年），男，江西人。少年参加红军，战功赫赫。时任抗日军政大学第六队队长。因逼婚未成，枪杀了陕北公学 16 岁的学员刘茜。此案在延安引起了激烈争论，形成了杀与不杀两种意见。黄克功本人也写信给中央说，如果必须执行死刑的话，希望死在与敌人作战的战场上。时任陕甘宁边区高等法院代院长雷经天将黄克功在狱中所写书信转给了毛泽东同志。毛主席在 1937 年 10 月 10 日复信雷经天，指出："黄克功过去斗争历史是光荣的…… 但他犯了不容赦免的大罪……他之处死，是他自己的行为决定的。一切共产党员，一切红军指战员，一切革命分子，都要以黄克功为前车之戒。"1937 年 10 月，陕甘宁边区高等法院召开公审大会，判处黄克功死刑。

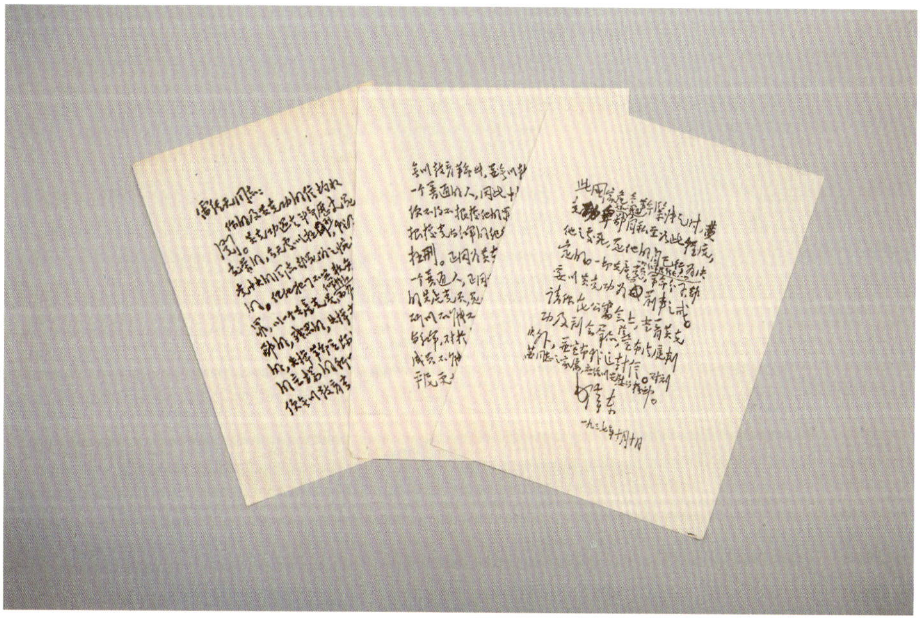

1937 年 10 月 10 日，毛泽东同志就黄克功案件给雷经天同志的亲笔信

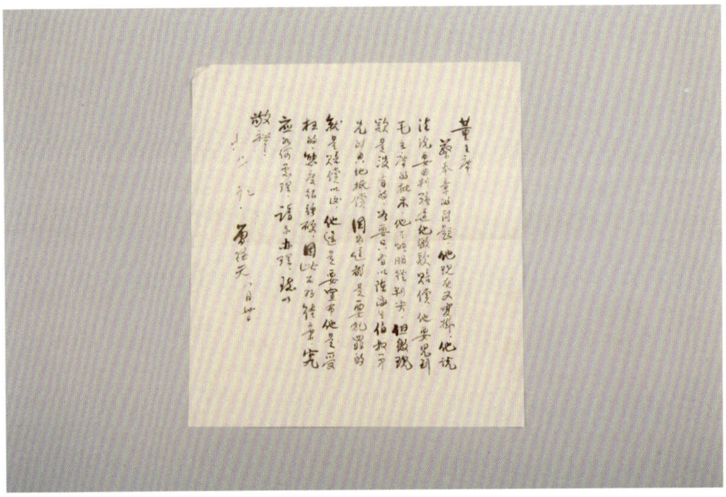

雷经天给董必武的请示信

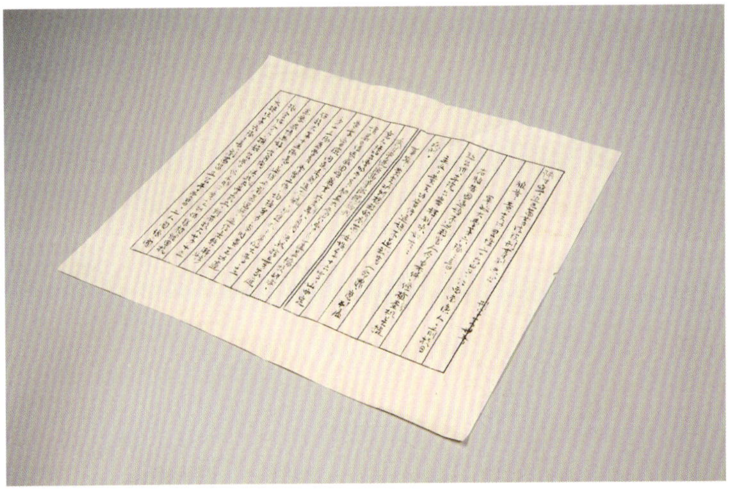

陕甘宁边区高等法院审理黄克功逼婚不遂杀害人命罪一案的刑事判决书

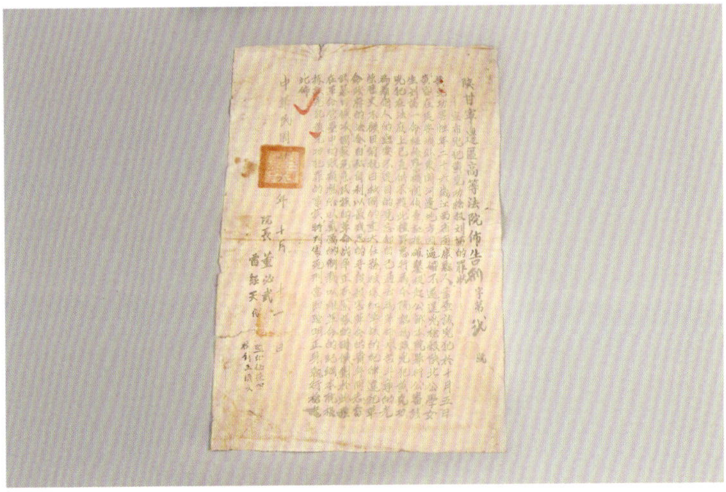

陕甘宁边区高等法院判处黄克功死刑立即执行的布告

［组合］八路军留守兵团

抗日战争爆发后，八路军主力部队开赴华北抗日前线。为保卫中共中央所在地陕甘宁边区的安全，1937年8月25日决定成立八路军后方留守处，12月改称八路军留守兵团，统一指挥各师留守部队。留守兵团积极开展工作，靖匪除暴安民，巩固河防，为保卫陕甘宁地区的安全作出积极贡献。

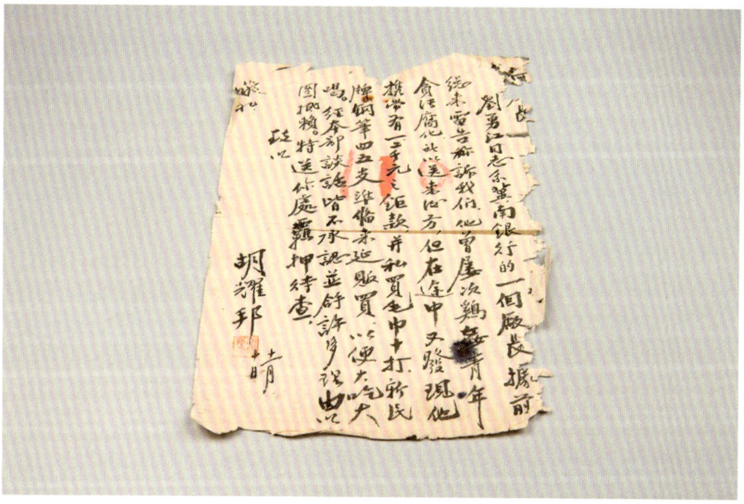

（1）胡耀邦同志关于贪污腐化案给八路军留守兵团军法处何处长的亲笔信

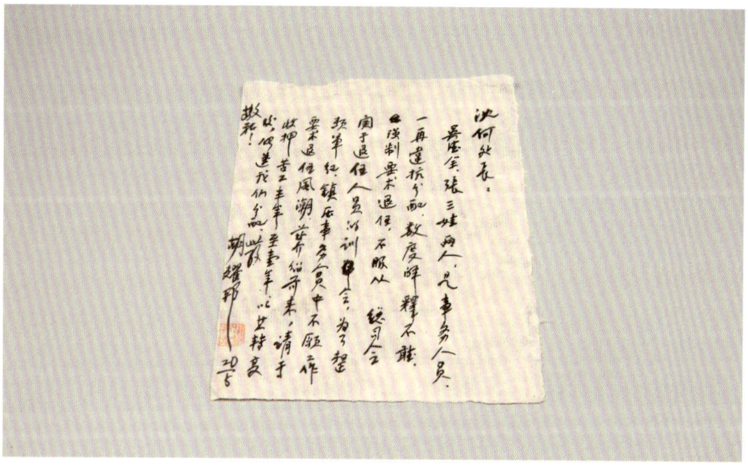

（2）胡耀邦同志在抗战时期为加强事务人员的管理，就案件处理写给军法处沈处长、何副处长的亲笔信

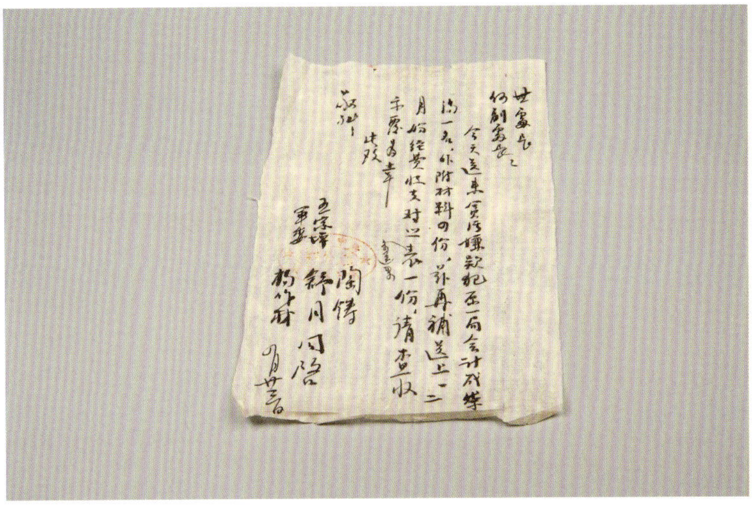

（3）陶铸、舒同、杨作材同志写给八路军留守兵团军法处甘处长、何副处长的信

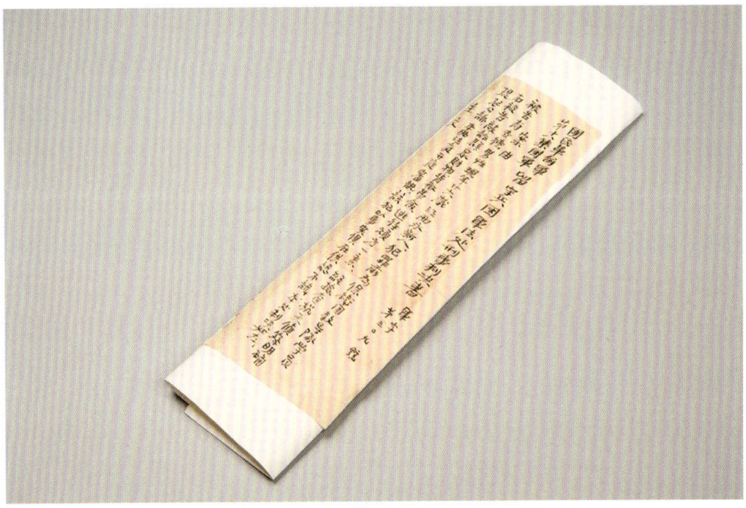

（4）国民革命军第十八集团军留守兵团军法处刑事判决书（军字第309号，部分）

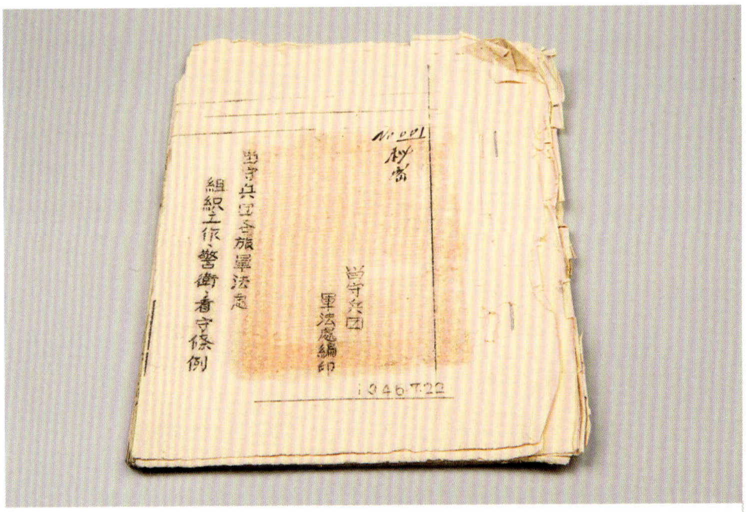

（5）国民革命军第十八集团军留守兵团各旅军法处组织工作、警卫、看守条例

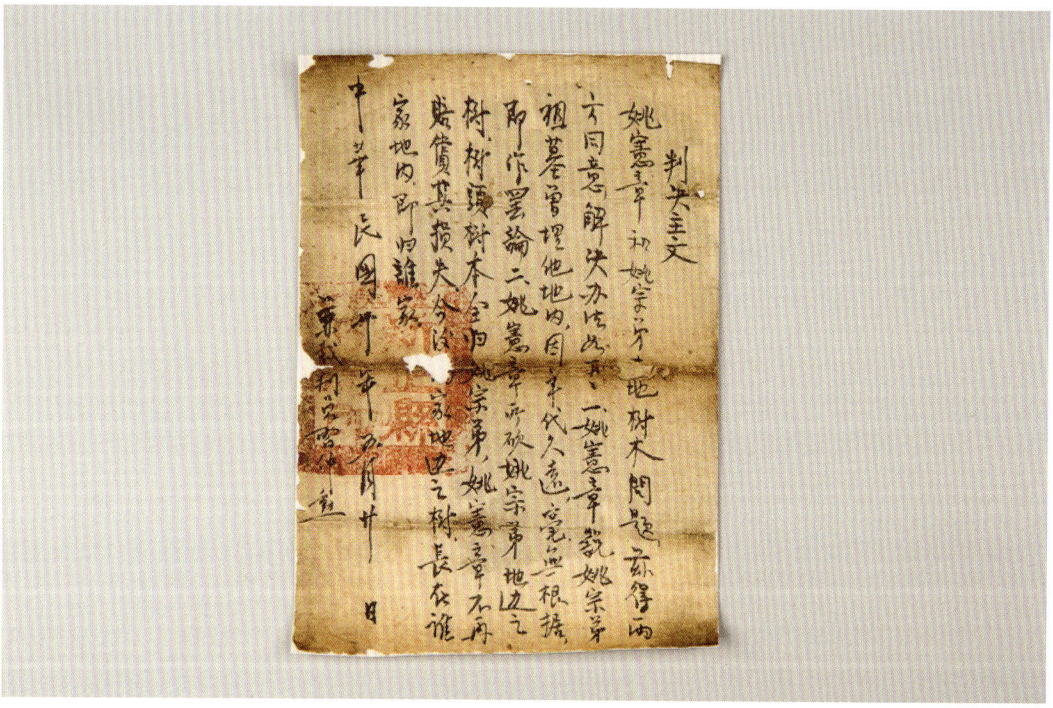

判决主文

姚宪章和姚宗第之地树木问题，兹得两方同意解决办法如下：一、姚宪章说姚宗第祖墓曾埋他地内，因年代久远，完无根据，即作罢论。二、姚宪章所砍姚宗第地边之树，树头树木全归姚宗第，姚宪章不再赔偿其损失。今后姚家地边之树，长在谁家地内，即归谁家。

中华民国卅一年五月廿 日

兼裁判员习仲勋

抗战时期，习仲勋审理案件时所写的判决主文

抗日战争时期，时任绥德分区专员兼陕甘宁边区高等法院绥德分庭庭长、裁判员的习仲勋同志审理一起村民林木纠纷案时所写的判决主文。

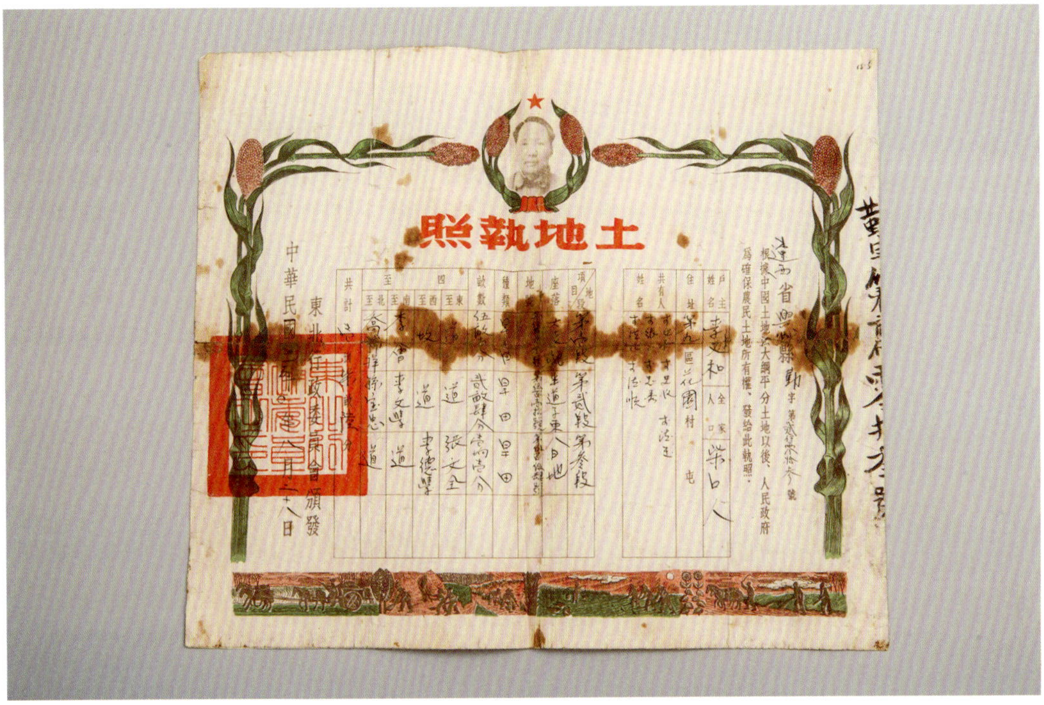

土地執照

根據中國土地法大綱平分土地以後、人民政府為確保農民土地所有權，發給此執照。

東北行政委員會頒發

1946 年中国共产党东北行政委员会根据“五四指示”颁发的《土地执照》

1946 年 5 月 4 日中共中央发布《关于清算减租及土地问题的指示》(简称“五四指示”)，决定将减租减息政策改为没收地主土地分配给农民。图为东北行政委员会根据“五四指示”为农民颁发的《土地执照》。

1945年5月10日晋绥边区缉私证印章

晋绥边区是抗日战争时期我党领导的革命根据地之一，包括山西省西北部和绥远省东南部广大地区。图为抗日战争期间，晋绥边区为了遏制走私活动颁发的缉私证，左右侧边刻有“誓死维护边区经济秩序”“严禁贩运买卖私盐鸦片”字样。

《新四军军法工作条例》

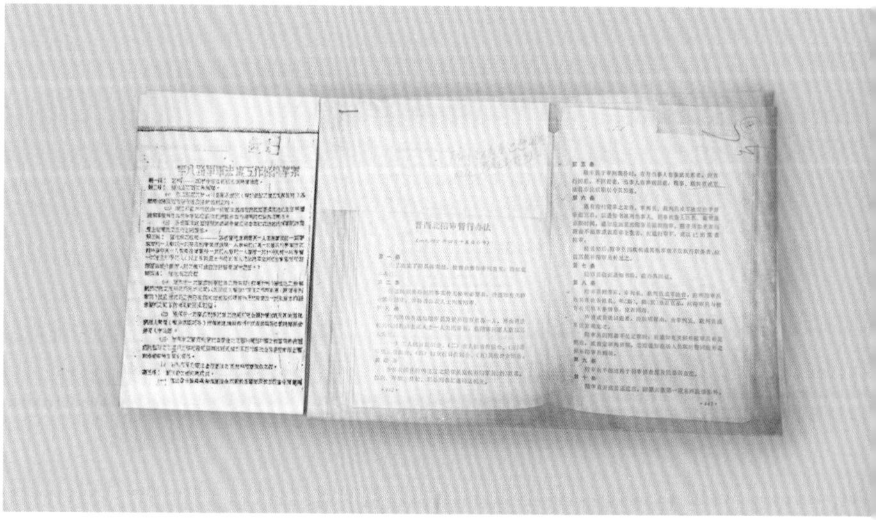

《第八路军军法处工作条例草案》

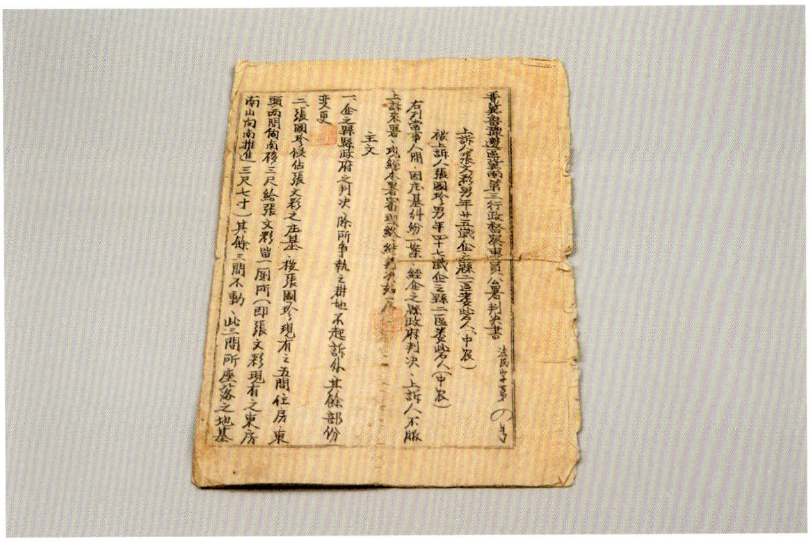

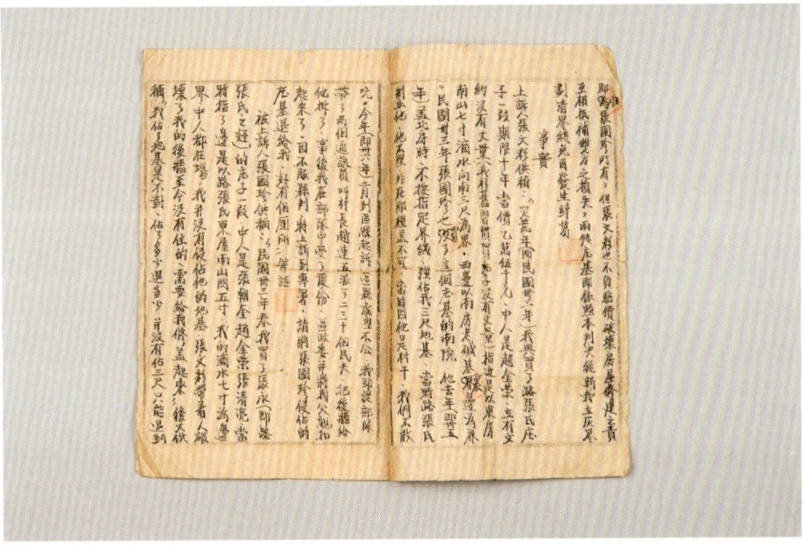

1938 年 9 月 17 日，晋冀鲁豫边区冀南第三行政督察专员公署判决书（法民字第四号）

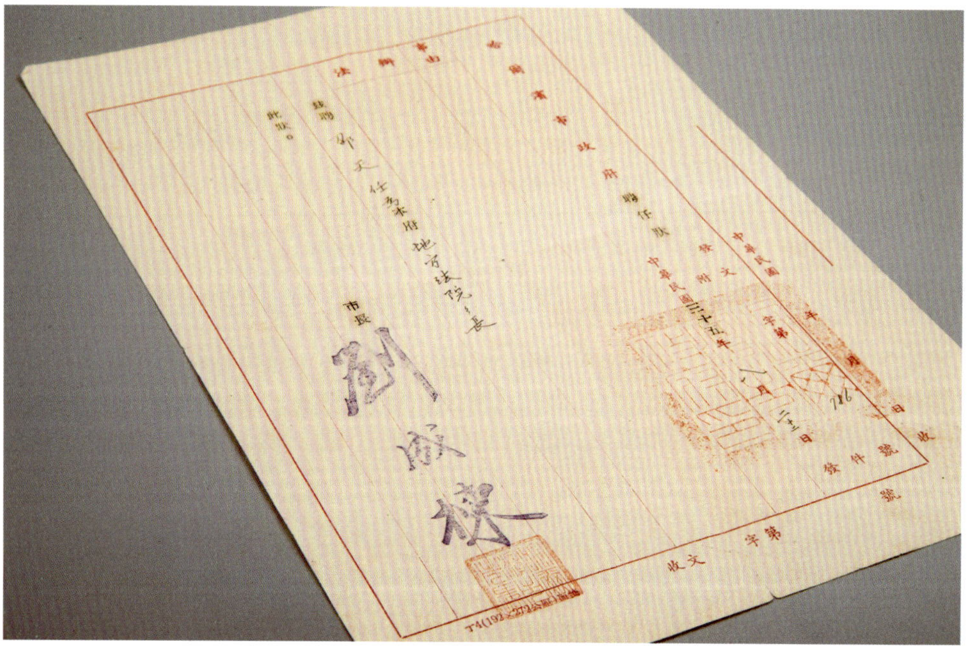
哈爾濱市政府聘任狀
茲聘邵天任為本府地方法院院長
此狀
市長 劉成棟
中華民國三十五年八月二十二日

1946年8月22日哈尔滨地方法院邵天任院长聘任状

1946年4月28日，哈尔滨正式建立人民政权，成为全国解放最早的大城市。同年8月23日，哈尔滨地方法院建立，它是在全国解放的第一个大城市建立的人民法院。图为1946年8月22日哈尔滨市政府颁发的哈尔滨地方法院第一任院长邵天任同志的聘任状。

华北人民政府编印的《华北政报》

《华北政报》是华北人民政府机关刊物。内容包括政府各项重要法令、章程与政策，政府各部门的报告和工作经验，以及为提高干部政策水平的学习参考资料等。本期内容包含华北人民政府颁布的法律法规，董必武、谢觉哉、郭沫若、马寅初、杨秀峰等人的任命事项；以及王斐然为北平市人民法院院长的任命等。

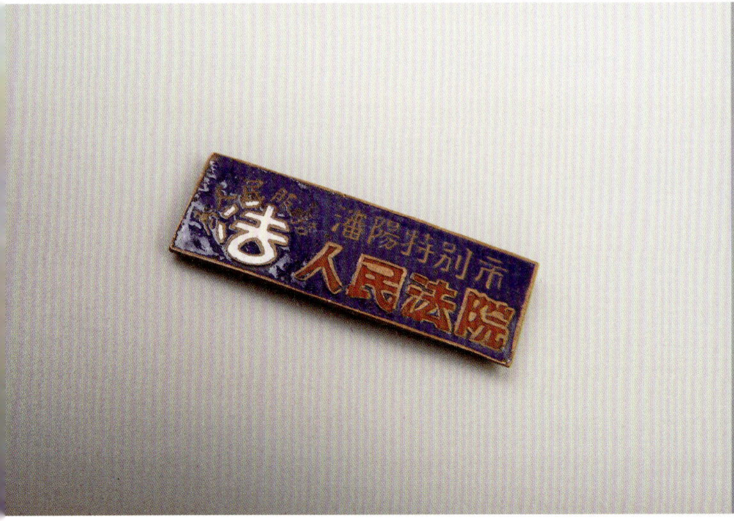

1948 年 11 月至 1949 年 6 月，沈阳特别市人民法院法官使用过的带“法”字标识和“为人民服务”字样的胸徽

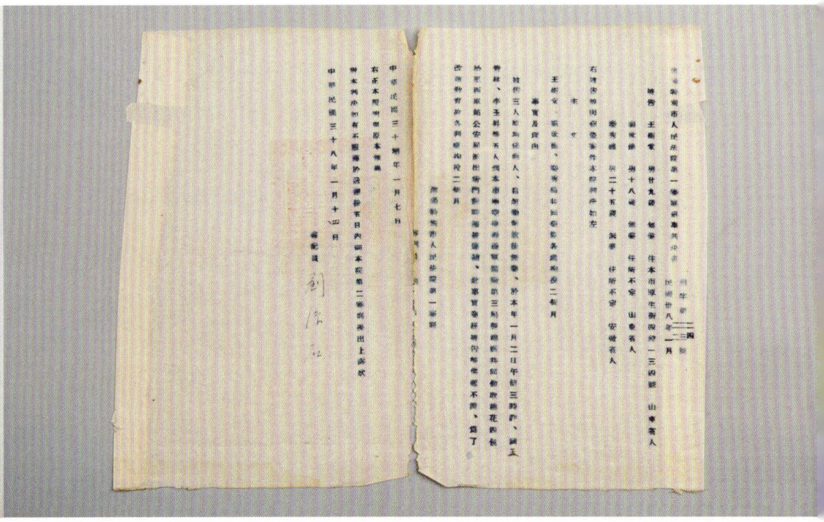

1939 年 1 月 14 日沈阳特别市人民法院刑事判决书

【华北人民政府、华北人民法院】

1948 年 5 月，中央决定成立华北人民政府，下设华北人民法院，陈瑾昆任院长。华北人民法院在其存在的 13 个月内，共审理、复核刑事、民事案件 153 件，并完成了接收两边区高等法院等重要任务。中华人民共和国成立后，华北人民法院于 1949 年 10 月 31 日宣布撤销，并在此基础上建成最高人民法院。

解放战争时期，华北人民法院干警使用过的马灯

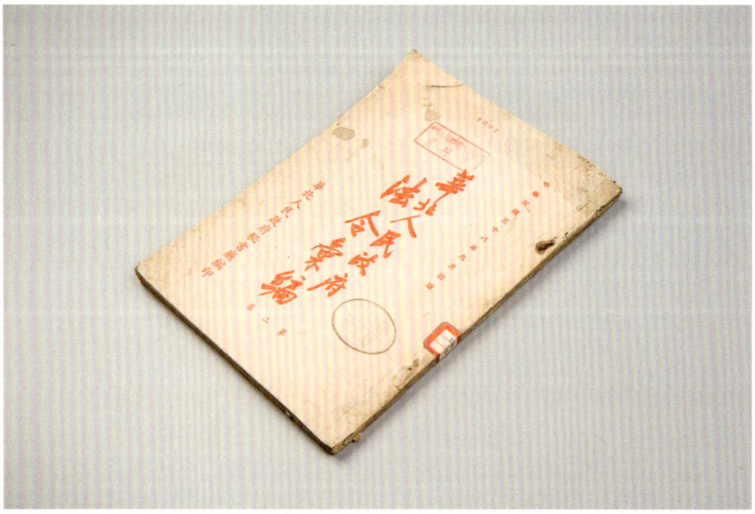

《华北人民政府法令汇编》

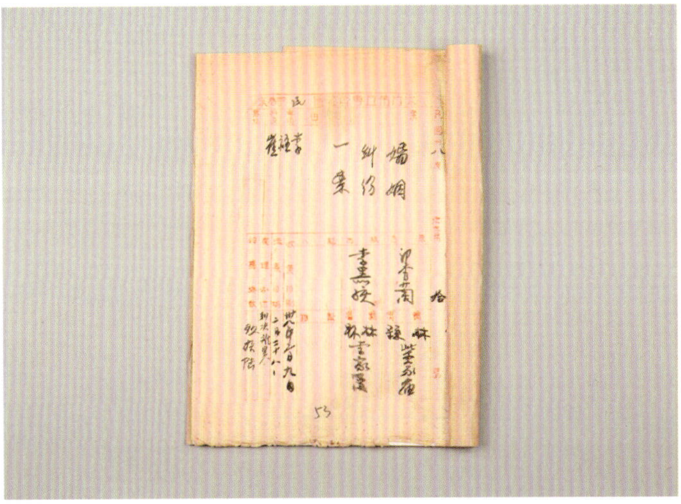

1949年2月至6月，林县县政府民事庭、太行第五专员公署、太行人民法院先后审理郭秀兰与李黑孩离婚一案的卷宗。

1949年6月6日，为稳定上海社会经济秩序，中国人民解放军上海市军事管制委员会主任陈毅、副主任粟裕联合签发并颁布《收缴非法武器电台办法》的布告。

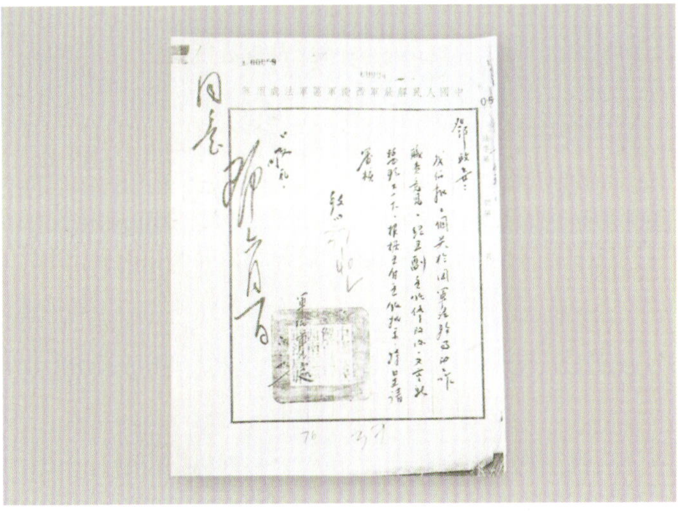

1949年年底至1952年7月间，中国人民解放军西南军区军法处报请邓小平同志审核《军法干事的工作职责的意见》的请示。

《暂行军法条例草案》

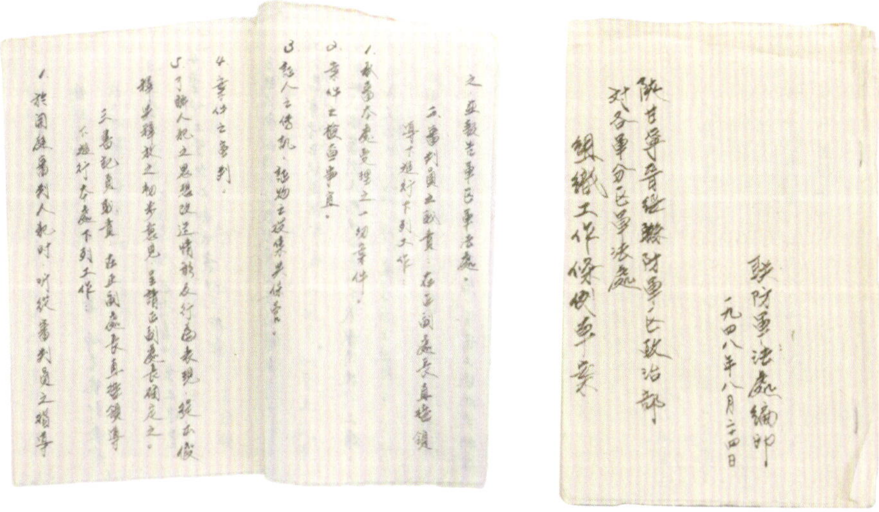

《陕甘宁晋绥联防军区政治部对各军分区军法处组织工作条例草案》

【印章组合】

1949 年 10 月 1 日，中央人民政府最高人民法院成立，并于同年 11 月 1 日正式办公。1950 年 1 月 26 日，最高人民法院委员会第五次会议决定在各大行政区设立最高人民法院分院，作为各大行政区的最高审判机关，负责领导与监督本地区各级人民法院的审判工作。至 1952 年 4 月，东北、西北、华东、中南、西南、华北六大分院先后成立。1954 年 6 月 19 日，中央人民政府委员会第三十二次会议决定撤销大区一级行政机构，最高人民法院六大分院随之撤销。六大分院的院印现仅存西北、中南两大分院的院印。

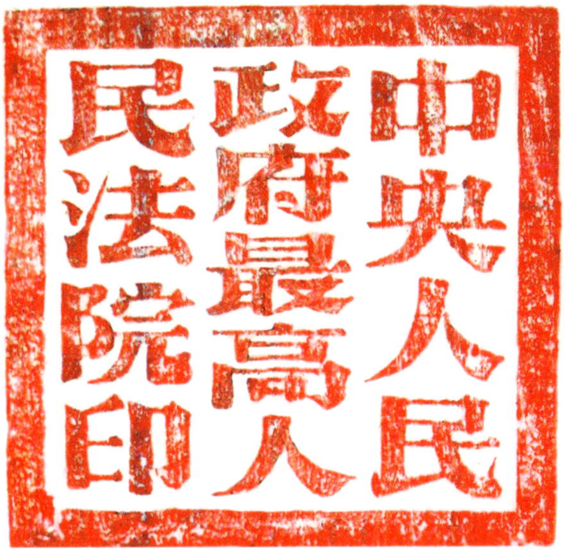

【中央人民政府最高人民法院院印】

【最高人民法院中南分院铜印】

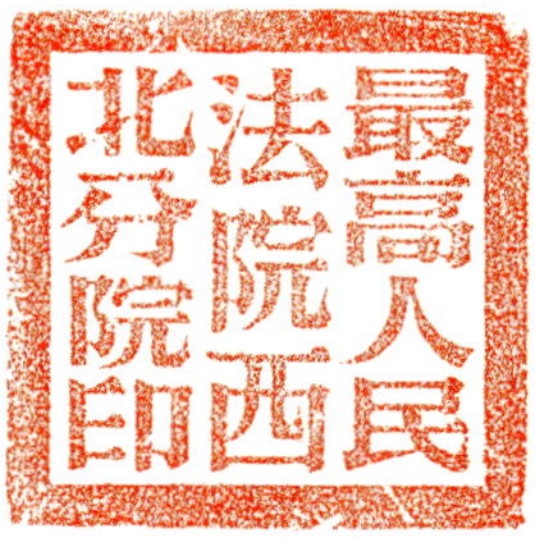

【最高人民法院西北分院铜印】

最高人民法院使用过的第一枚国徽

此枚国徽为手工铜板锻造而成，在谷穗、齿轮等方面与 1950 年 9 月 20 日公布并沿用至今的国徽图案有所不同。

最高人民法院第一任院长沈钧儒使用过的沙发

1949年10月1日,中央人民政府委员会任命沈钧儒为最高人民法院第一任院长。该沙发为沈钧儒在最高人民法院工作期间使用。

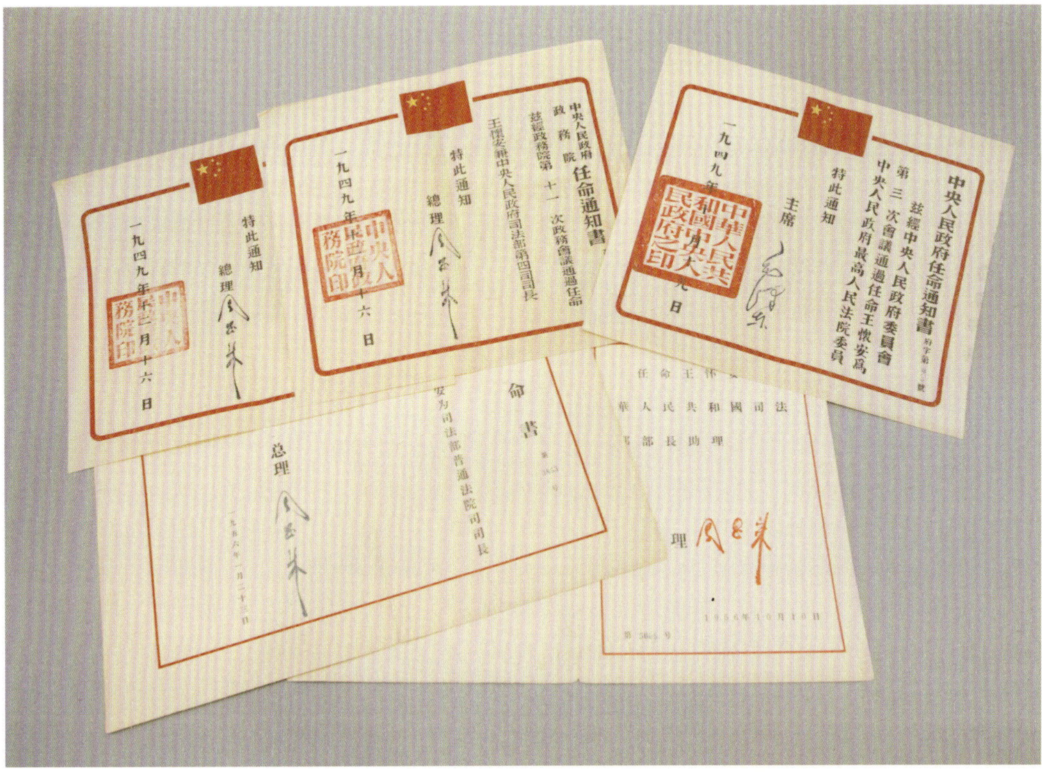

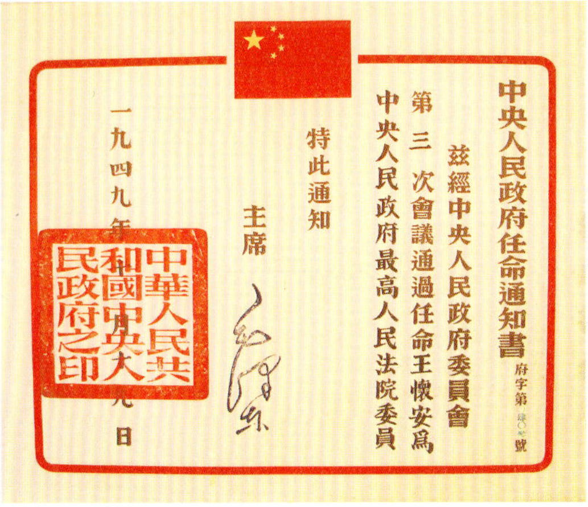

中央人民政府任命通知書 府字第　號

茲經中央人民政府委員會

第三次會議通過任命王懷安爲

中央人民政府最高人民法院委員

特此通知

主席

中華人民共和國中央人民政府之印

最高人民法院委员王怀安的任命通知书

1949 年 10 月 19 日，中央人民政府举行第三次会议，任命吴溉之、张志让为最高人民法院副院长，贾潜、王怀安、陈瑾昆等 14 人为最高人民法院委员，由院长、副院长和委员共 17 人组成最高人民法院委员会。2014 年 12 月 8 日，最高人民法院院长周强看望王怀安并为其 99 岁生日祝寿时，王怀安将珍藏多年的毛泽东签发的最高人民法院委员任命通知书捐赠给中国法院博物馆。

【法规组合】

中华人民共和国成立初期，中央人民政府先后制定并颁布了婚姻法、惩治反革命条例、惩治贪污条例，为人民法院开展审判工作提供法律依据。

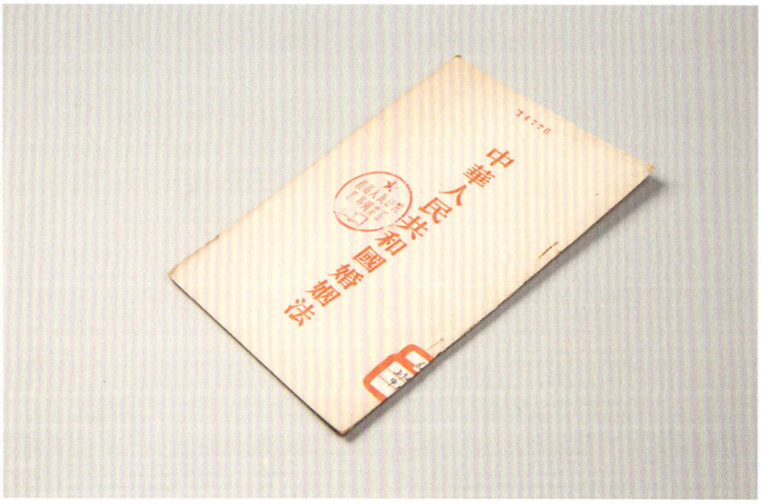

《中华人民共和国婚姻法》

《中华人民共和国惩治反革命条例》

《中华人民共和国惩治贪污条例》

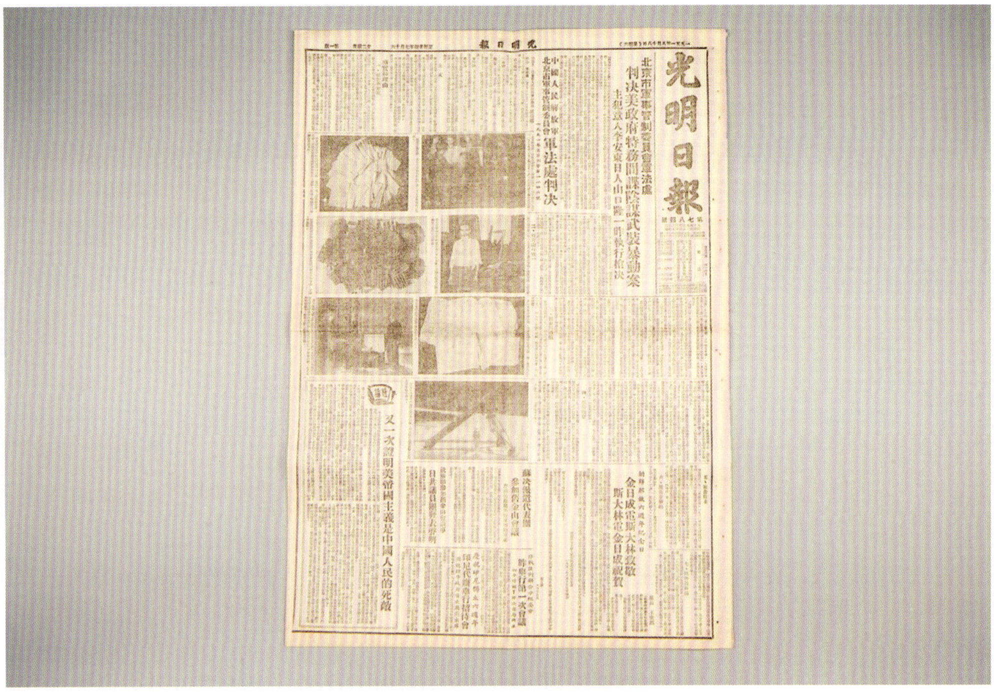

光明日報

北京市軍事管制委員會軍法處
判決美政府特務間諜陰謀武裝暴動案
主犯意大利人李安東日人山口隆一 昨執行槍決

中國人民解放軍北京市軍事管制委員會軍法處判決

又一次證明美帝國主義是中國人民的死敵

金日成電斯大林致敬
斯大林電金日成祝賀

1951 年 8 月 18 日《光明日报》，报道中华人民共和国成立初期外国间谍阴谋炮击天安门案

1951 年 8 月 17 日，北京市军管会军法处开庭审理震惊全国的外国间谍阴谋炮击天安门案，依法判处主犯李安东（意大利籍）、山口隆一（日本籍）死刑。

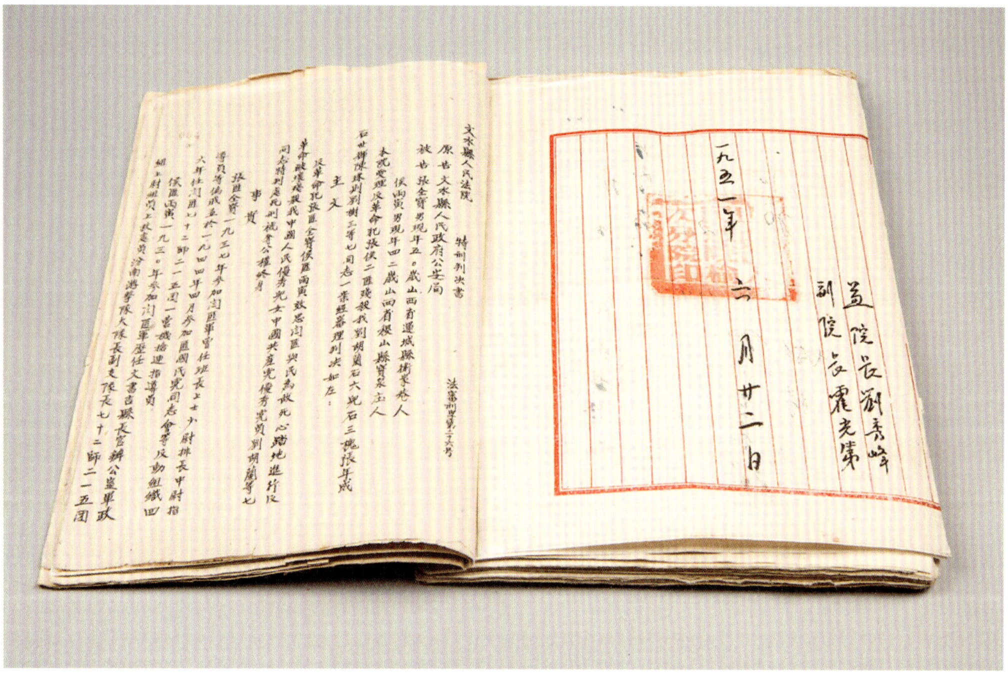

【侯雨寅、张全宝杀害刘胡兰等烈士一案卷宗】

1947 年 1 月 12 日，年仅 15 岁的中共预备党员刘胡兰被国民党反动派杀害。毛泽东亲笔为其题词：“生的伟大，死的光荣。”1951 年 6 月，山西文水县人民法院依法判处参与杀害刘胡兰等革命烈士的反革命犯侯雨寅、张全宝死刑。

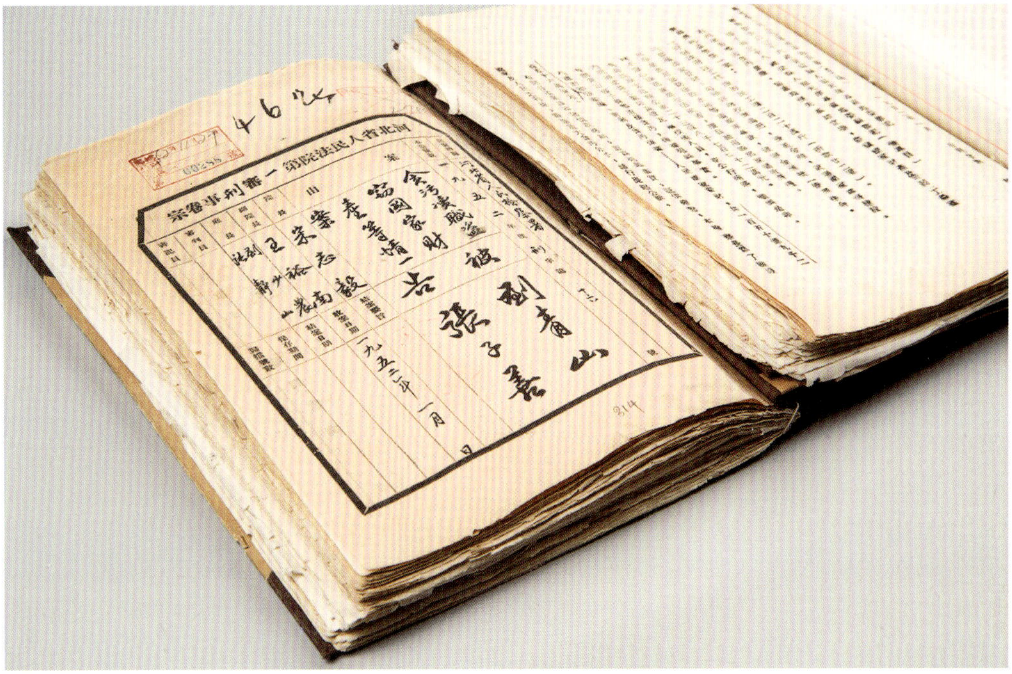

【刘青山、张子善贪污案卷宗】

刘青山、张子善贪污案，是中华人民共和国反贪第一大案。针对党内部分同志认为二人“在战争年代出生入死，有过功劳，在干部中影响大，是否可以不要枪毙，给他们一个改造的机会”的意见，毛泽东指出：“正因为他们两人的地位高、功劳大、影响大，所以才要下决心处决他们。只有处决他们，才可能挽救二十个、二百个、二千个、二万个犯有各种不同程度错误的干部。”经最高人民法院核准，1952 年 2 月 10 日，河北省人民法院依法判处刘青山、张子善死刑。

【薛崑山贪污案刑事判决书】

1952 年 2 月 1 日，最高人民法院组建临时法庭，时任最高人民法院院长沈钧儒亲自担任审判长，在北京市中山公园音乐堂对中央国家机关在“三反”运动中查出的 7 名贪污犯罪分子进行公开审判，依法判处薛崑山、宋德贵死刑。

【徽章组合】

（1）中华人民共和国成立初期，川西人民法院眉山分院法官使用过的胸徽；（2）湖南省人民法院黔阳专区分院法官使用过的胸徽；（3）陕西省绥德地区中级人民法院干部使用过的圆形胸徽（1954 年 10 月至 1956 年 9 月 20 日）；（4）陕西省人民法院榆林分院干部使用过的圆形胸徽；（5）陕西省人民法院绥德分院法警使用过的胸前布标；（6）陕西省人民法院榆林分院法警使用过的“法 0041”号金属领章；（7）陕西省人民法院榆林分院法警使用过的“法 0146”号金属领章。

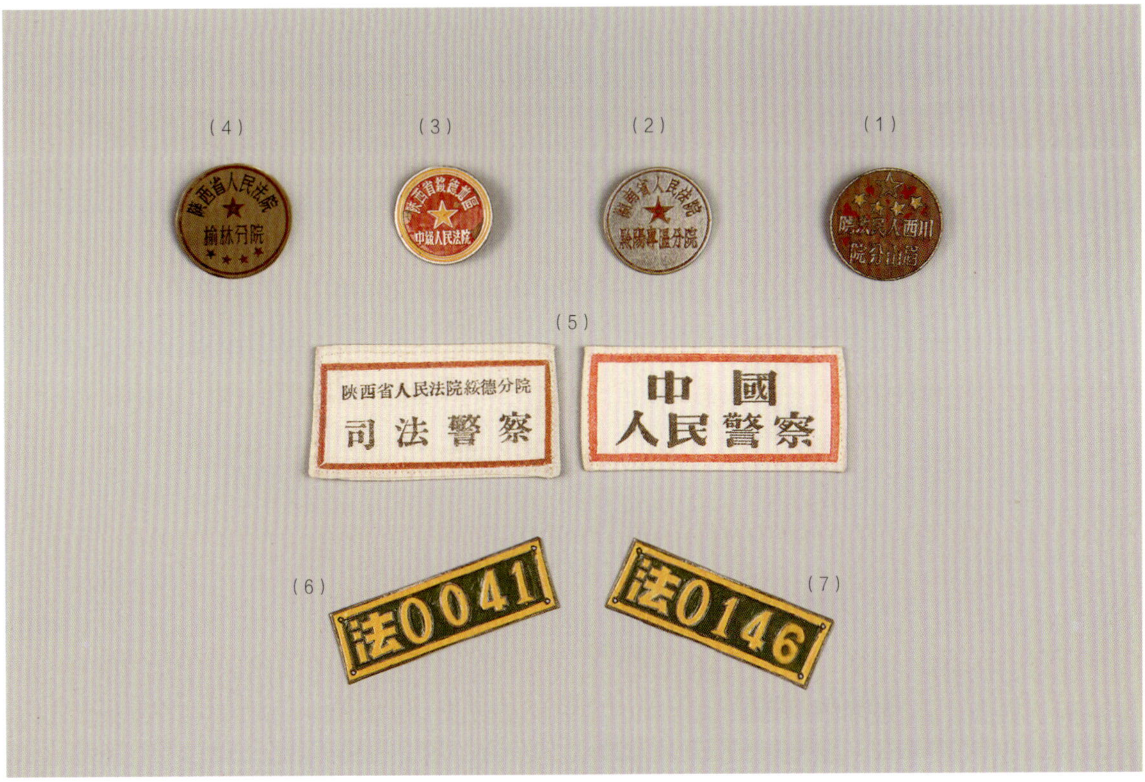

【宪法组合】

1954年9月20日，第一届全国人民代表大会第一次会议审议通过了《中华人民共和国宪法》，这是中华人民共和国的第一部宪法。这部宪法坚持人民民主专政，坚持社会主义道路，坚持各民族一律平等的原则，规定了国家的政治、经济、立法和司法制度，为我国的民主与法制建设奠定了基础。1975年《中华人民共和国宪法》诞生于“文化大革命”后期，是一部特殊时期在“左”的思想指导下形成的宪法。1978年《中华人民共和国宪法》比1975年宪法有重大变化，但仍存在许多缺陷。1982年《中华人民共和国宪法》为现行宪法，于1982年12月4日颁布。这部宪法继承和发展了1954年宪法的基本原则，总结了我国社会主义发展的经验，并吸收了国际经验，明确规定了我国的根本制度和根本任务，确定了四项基本原则和改革开放的基本方针。截至2016年，1982年宪法共历经4次修订，“中华人民共和国实行依法治国，建设社会主义法治国家”“国家尊重和保障人权”等先后被写入宪法。

1954年《中华人民共和国宪法》

1978 年《中华人民共和国宪法》

1982 年《中华人民共和国宪法》

【全国人大、国务院、法院、检察院、地方各级人大和人民委员会组织法】

根据 1954 年《中华人民共和国宪法》和《中华人民共和国人民法院组织法》的规定，人民法院实行四级两审制，遵循“国家的审判权由人民法院统一行使”“人民法院独立进行审判，只服从法律”“一切公民在法律上平等”等原则，实行公开审判、回避、辩护、人民陪审员、审判委员会、审判监督等制度。

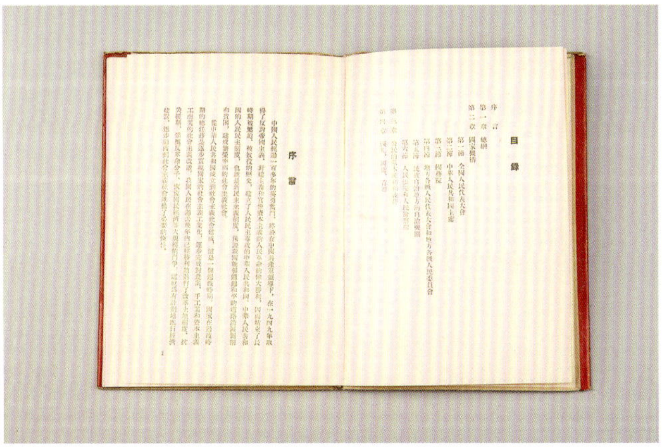

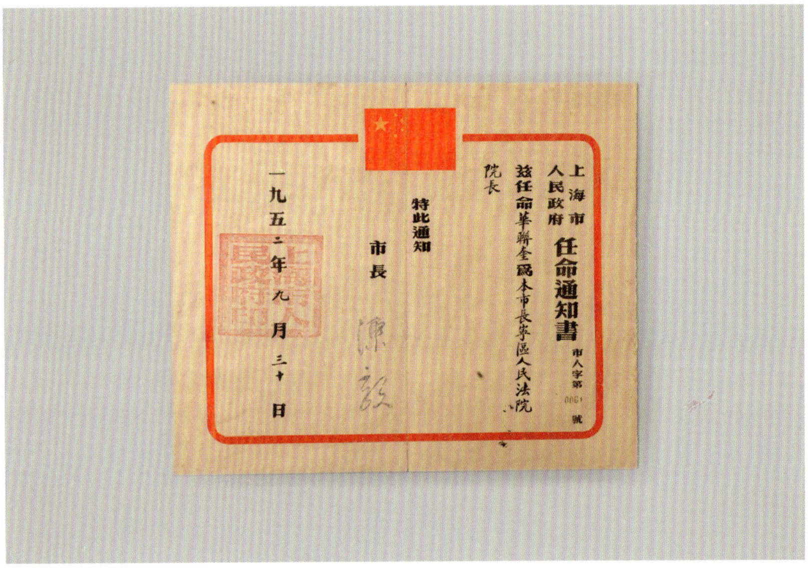

上海市人民政府任命通知書 市人字第 號

茲任命華聯奎爲本市長寧區人民法院院長

特此通知

市長 陳毅

一九五二年九月三十日

1952 年 9 月 30 日，上海市人民政府任命华联奎同志为上海长宁区法院院长的任命通知书。

陪審員證書 第 號

張恩傑經北京市宣武區第一屆人民代表大會選舉爲人民法院陪審員得應宣武區人民法院的邀請參加審判工作

此證

北京市人民法院院長

一九五四年十一月 日

1954 年 11 月，北京市人民法院颁发给张恩杰同志的陪审员证书，这是北京市人民法院颁发的第一批陪审员证书。

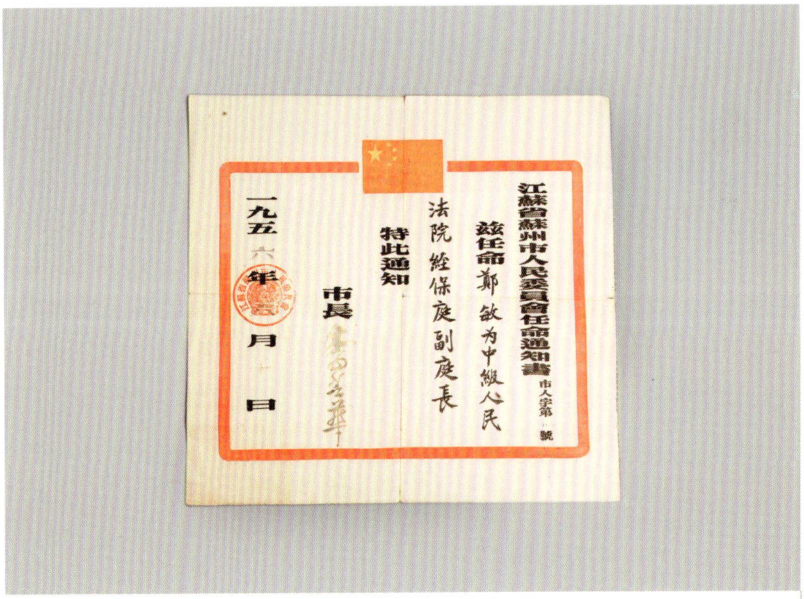

江蘇省蘇州市人民委員會任命通知書 市人字第 號

茲任命鄭敏爲中級人民法院經保庭副庭長

特此通知

市長

一九五六年六月 日

1956 年 6 月，江苏省苏州市人民委员会任命郑敏同志为苏州市中级人民法院经保庭副庭长的任命通知书。

【中华人民共和国最高人民法院第一枚院印】

中华人民共和国成立之初，根据《中国人民政治协商会议共同纲领》和《中华人民共和国人民法院暂行组织条例》的规定，最高人民法院由中央人民政府委员会领导，地方各级人民法院由同级人民政府领导。1954 年《中华人民共和国宪法》规定，最高人民法院和地方各级人民法院分别由全国人民代表大会和地方各级人民代表大会产生，向它负责并报告工作。此枚院印是“中央人民政府最高人民法院”更名为“中华人民共和国最高人民法院”后使用的第一枚院印。

【中华人民共和国最高人民法院西藏分院】

1951 年 5 月西藏和平解放后，根据《中央人民政府和西藏地方政府关于和平解放西藏办法的协议》，仍暂时保留西藏原来的地方政府，并由其司法机关“郎子辖”“雪列空”继续行使司法权，依据农奴制的法律规定处理案件。1958 年 6 月 5 日，第一届全国人民代表大会常务委员会第九十七次会议批准设立最高人民法院西藏分院，随后成立最高人民法院西藏分院直属人民法院。这是中华人民共和国成立后第一次在西藏地区设立国家审判机关。

中华人民共和国最高人民法院西藏分院印章

最高人民法院西藏分院直属人民法院印章

【宜宾白毛女案卷宗】

“白毛女”的故事在中国家喻户晓。宜宾“白毛女”罗昌秀案，在全国产生了很大影响。1939 年，受恶霸地主罗锡联、陶天珍残酷迫害，年仅 17 岁的罗昌秀逃亡断头山 17 载，满头黑发变成了白发。1958 年，宜宾县人民法院公审陶天珍等迫害罗昌秀案，依法判处陶天珍死刑。

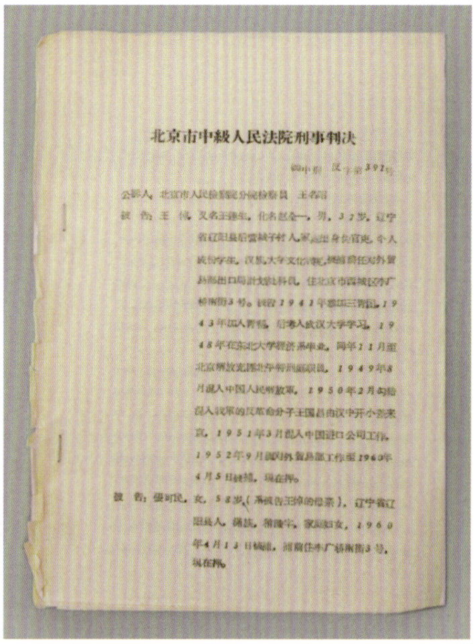
北京市中級人民法院刑事判决

【王倬诈骗案卷宗】

1960 年 3 月 18 日，王倬假冒周恩来总理批示骗取中国人民银行 20 万人民币。该案系中华人民共和国成立以来首例特大诈骗案，震惊全国。1960 年 6 月，原北京市中级人民法院依法判处王倬死刑。

【杨进兴反革命案卷宗】

杨进兴，著名小说《红岩》中的人物原型，曾担任国民党军统局局长戴笠的便衣警卫、侍从副官，后升任重庆白公馆看守所所长。杨进兴亲手杀害原中共四川省委书记罗世文等同志，参与杀害著名抗日爱国将领杨虎城将军，并制造“11 · 27”大屠杀惨案。中华人民共和国成立后潜逃至四川南充，伪装成贫农，1955 年被捕获。1958 年 4 月 19 日，四川省重庆市中级人民法院依法判处杨进兴死刑。

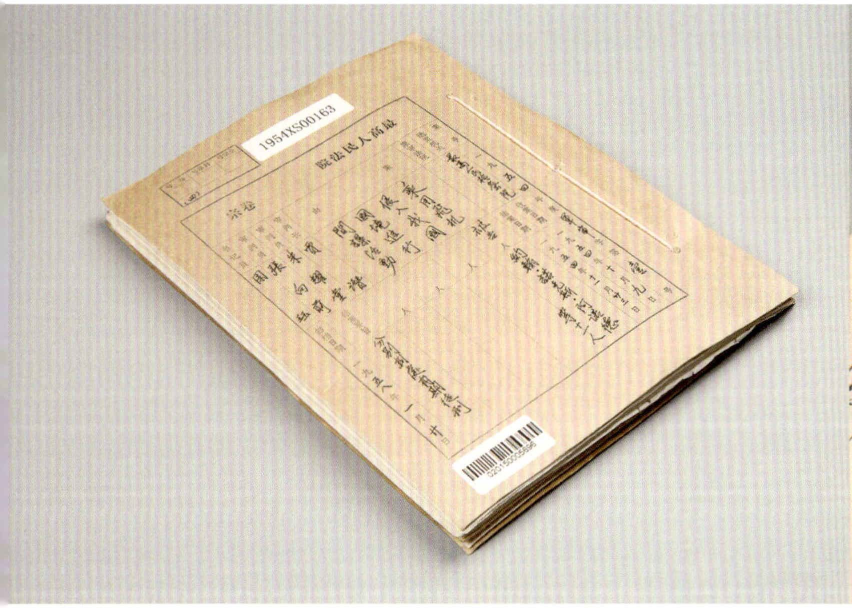

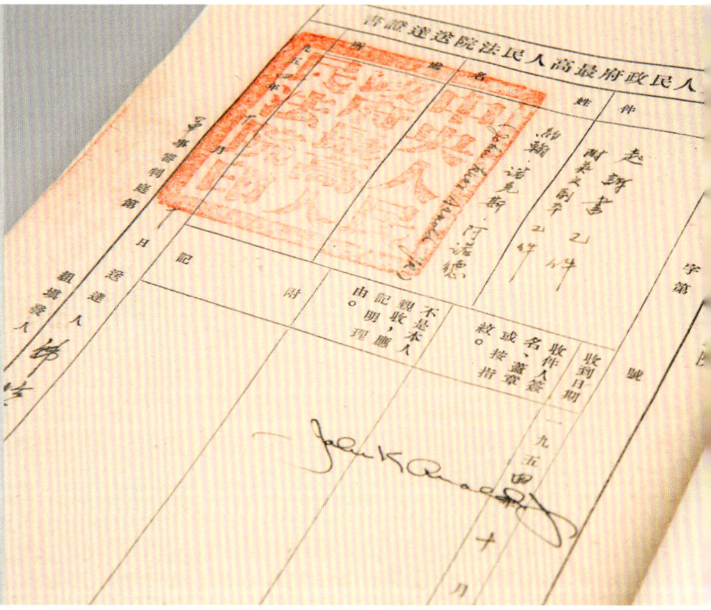

【阿诺德间谍案卷宗】

1954年11月23日，最高人民法院军事审判庭公开开庭审理约翰·诺克斯·阿诺德等11人间谍案，依法判处阿诺德10年有期徒刑。

〔1956年审判日本战犯专题〕

1956年6月至7月，最高人民法院组织特别军事法庭，遵循国际法准则和人道主义原则，分别在沈阳、太原对45名罪行严重的在押日本战犯进行公开审判，依法对各被告人判处8至20年有期徒刑，无一人判处死刑。宣判后，45名被告人一致表示深切感谢中国人民的宽大处理。中华人民共和国对45名日本战犯的审判，维护了中国国家主权，伸张了人类正义，是一次庄严的审判、正义的审判，对于反对侵略战争、维护世界和平具有重要的现实意义和深远的历史意义。

《前日本陆军军人因准备和使用细菌武器被控案审判材料》

最高人民法院特别军事法庭审判日本战犯照片

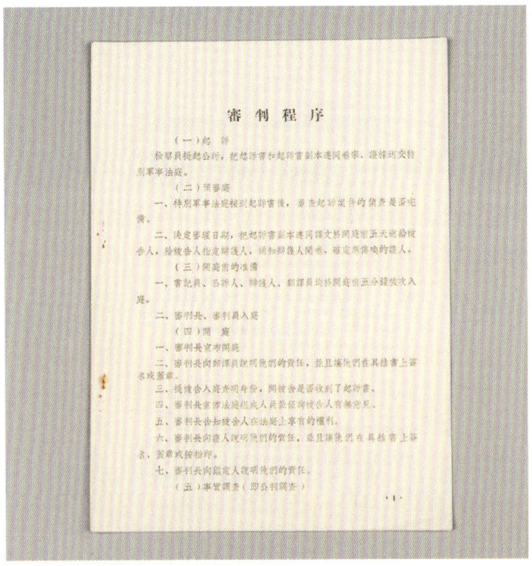

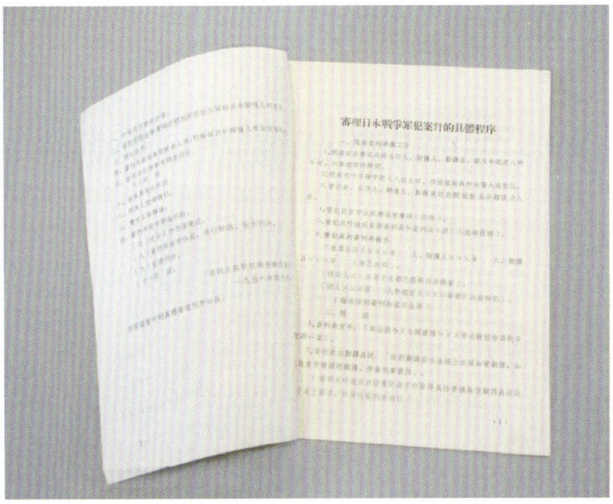

《审理日本战犯案件的审判程序》和《审理日本战犯案件的具体程序》

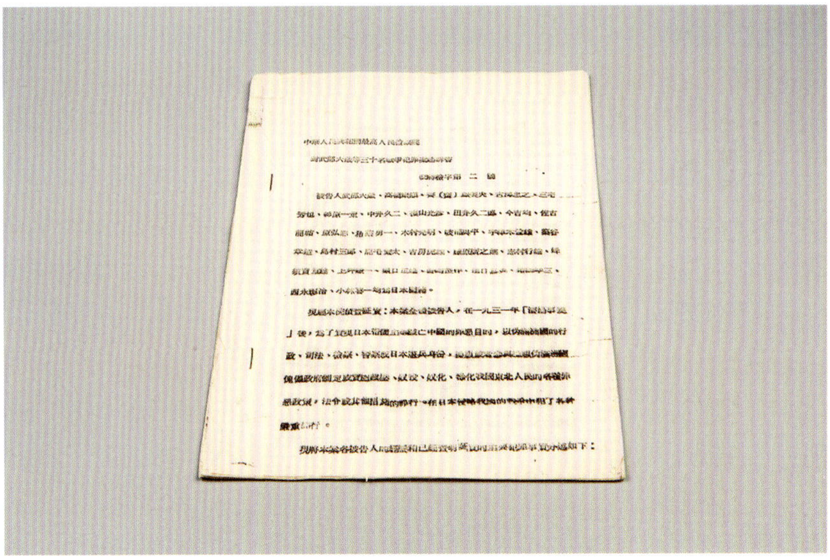

最高人民检察院对武部六藏等 30 名日本战犯的起诉书

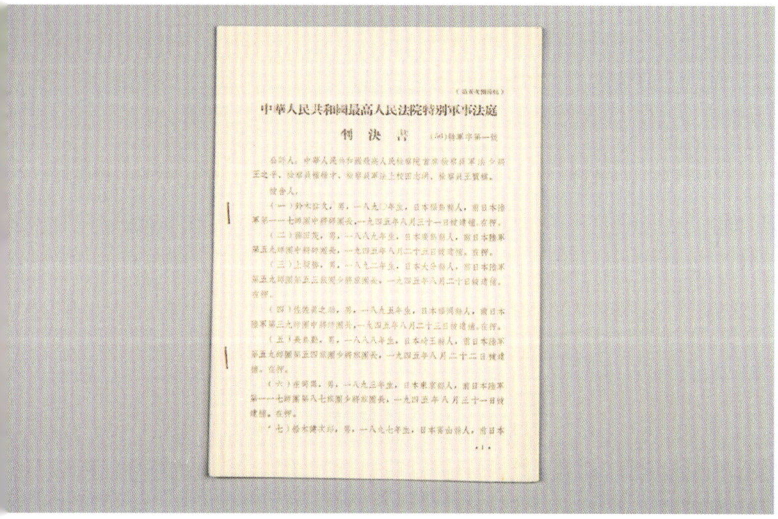

中華人民共和國最高人民法院特別軍事法庭

判決書　(56)特軍字第一號

最高人民法院特别军事法庭判决书

（56）特军字第一号（铃木启久等 10 名被告人）

最高人民法院特别军事法庭副庭长朱耀堂审判日本战犯期间使用的印章

最高人民法院特别军事法庭审判员
张向前使用的个人名章

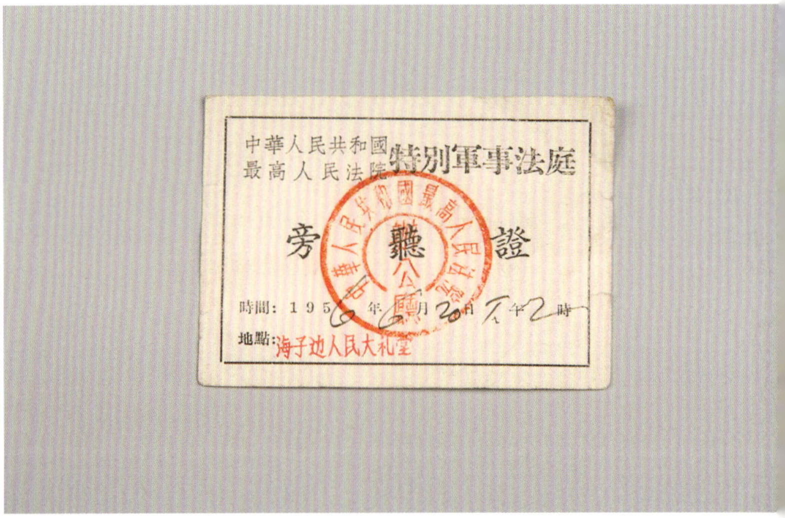

审判日本战犯时制发的旁听证

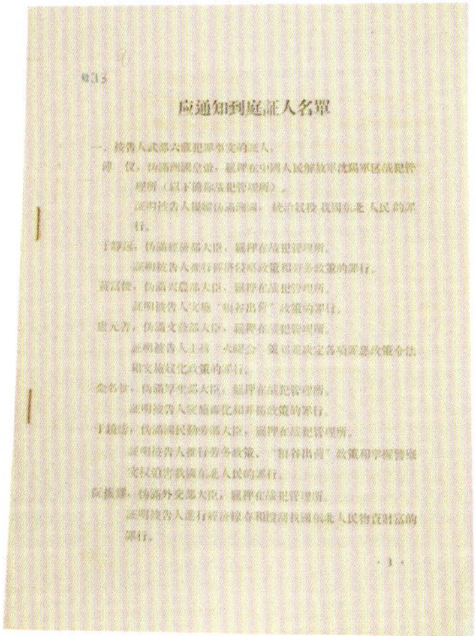

应通知到庭証人名單

· 1 ·

应通知到庭证人名单（伪满洲国皇帝溥仪等 20 余人），证明被告人武部六藏、古海忠之、中井久二等 19 人的犯罪事实。

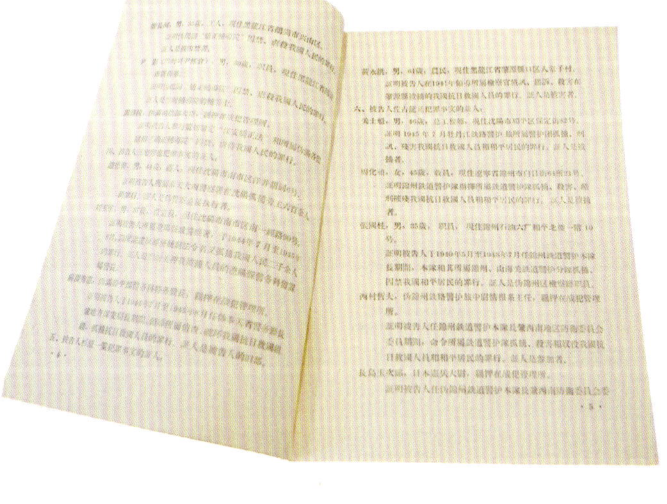

证实伪满总务长官武部六藏和伪总务厅次长古海忠之奉行日本帝国主义侵略政策，操纵伪满政权、统治奴役东北人民的罪行的证据材料。

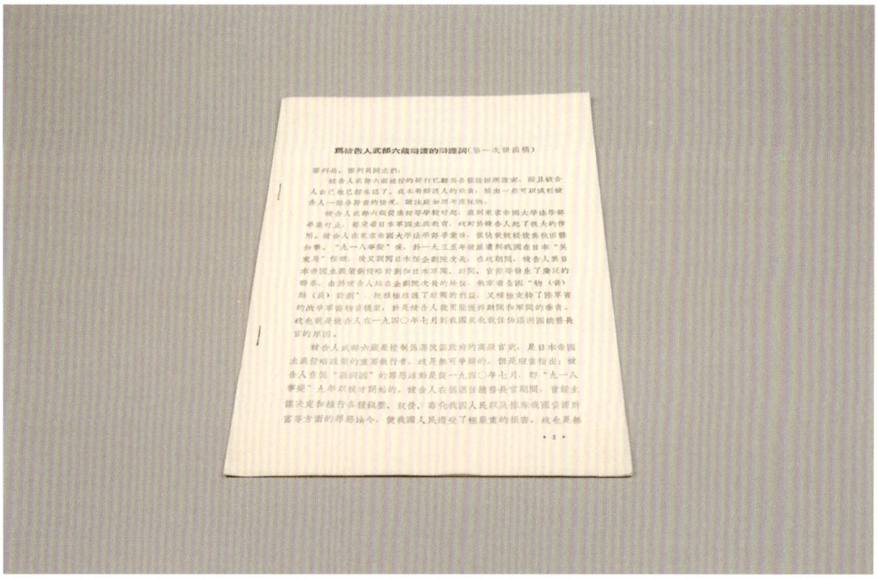
為被告人武部六藏辯護的辯護詞（第一次預備稿）

審判長、審判員同志們：

被告人武部六藏被控的罪行已經為本庭證據所證實，而且被告人自己也已經承認了。我本着辯護人的職責，提出一些可以減輕被告人一部分罪責的情況，請法庭加以考慮採納。

被告人武部六藏從進初等學校時起，直到東京帝國大學法學部畢業時止，都受着日本軍國主義教育，這對於被告人起了很大的作用。被告人在東京帝國大學法學部畢業後，很快就被提拔為秋田縣知事。"九一八事變"後，於一九三五年被派遣到我國在日本"關東局"任職，後又調回日本任企劃院次長。在此期間，被告人為日本帝國主義策劃侵略計劃和日本軍閥、財閥、官僚等發生了廣泛的聯系。由於被告人站在企劃院次長的地位，執掌着全國"物（資）動（員）計劃"，既積極維護了財閥的利益，又積極支持了陸軍省的戰爭軍需物資補充，於是被告人就更能獲得財閥和軍閥的垂青。這也就是被告人在一九四〇年七月到我國東北就任偽滿洲國總務長官的原因。

被告人武部六藏是控制偽滿傀儡政府的高級官吏，是日本帝國主義侵略政策的重要執行者，這是無可爭辯的。但是應當指出：被告人在偽"滿洲國"的罪惡活動是從一九四〇年七月，即"九一八事變"九年以後才開始的。被告人在偽滿任總務長官期間，曾經主謀決定和推行各種鎮壓、奴役、毒化我國人民以及掠奪我國資源財富等方面的罪惡法令，使我國人民遭受了極嚴重的損害。這也是無

·1·

为被告人武部六藏辩护的辩护词（第一次预备稿）

公开审判武部六藏等二十八名日本战争

犯罪分子的庭审记录

一九五六年七月一日上午八时三十分

于辽宁省沈阳市北陵

书记员向审判长报告说：

·1·

1956 年 7 月 1 日，公开审判武部六藏等 28 名日本战犯的庭审记录。

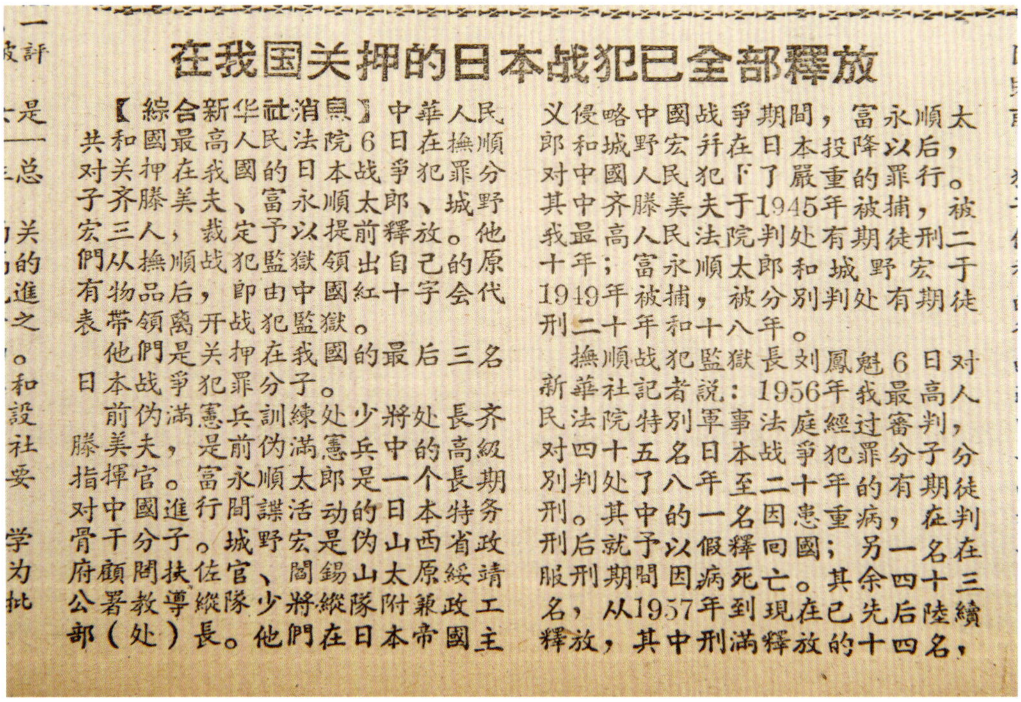

在我国关押的日本战犯已全部释放

【綜合新华社消息】中華人民共和國最高人民法院6日在撫順对关押在我國的日本战爭犯罪分子齐滕美夫、富永順太郎、城野宏三人，裁定予以提前释放。他們从撫順战犯監獄領出自己的原有物品后，即由中國紅十字会代表帶領离开战犯監獄。

他們是关押在我國的最后三名日本战爭犯罪分子。

前伪滿憲兵訓練处少將处長齐滕美夫，是前伪滿憲兵中的高級指揮官。富永順太郎是一个長期对中國進行間諜活动的日本特务骨干分子。城野宏是伪山西省政府顧問扶佐官、閻錫山太原綏靖公署教導縱隊少將縱隊附兼政工部（处）長。他們在日本帝國主义侵略中國战爭期間，富永順太郎和城野宏并在日本投降以后，对中國人民犯下了嚴重的罪行。其中齐滕美夫于1945年被捕，被我最高人民法院判处有期徒刑二十年；富永順太郎和城野宏于1949年被捕，被分別判处有期徒刑二十年和十八年。

撫順战犯監獄長刘鳳魁6日对新華社記者說：1956年我最高人民法院特別軍事法庭經过審判，对四十五名日本战爭犯罪分子分別判处了八年至二十年的有期徒刑。其中的一名因患重病，在判刑后就予以假释回國；另一名在服刑期間因病死亡。其余四十三名，从1957年到現在已先后陸續释放，其中刑滿释放的十四名，

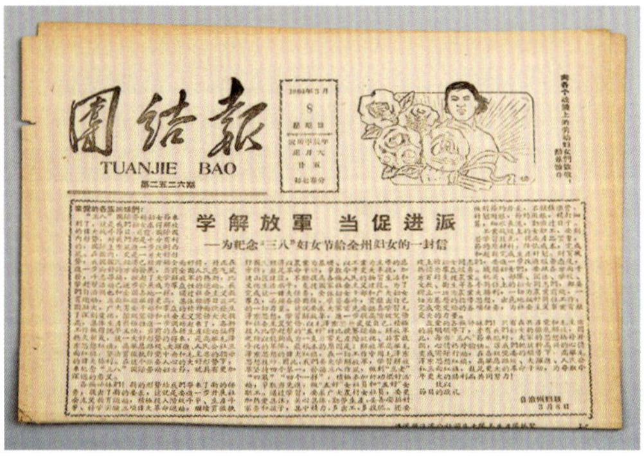

1964年3月8日《团结报》（刊发《在我国关押的日本战犯已全部释放》的报道）

自1957年起，最高人民法院军事审判庭根据被判刑的日本战犯在服刑改造期间的表现，依法裁定提前释放29名日本战犯。至1964年3月6日，中国关押的日本战犯全部释放完毕。

1959年12月6日（星期日）

最高人民法院遵照特赦令特赦首批战犯

充分体現党的懲办与寬大、劳动改造与思想教育相結合的政策正确偉大

1959 年 12 月 6 日《右江日报》

（刊发《最高人民法院遵照特赦令特赦首批战犯》的报道）

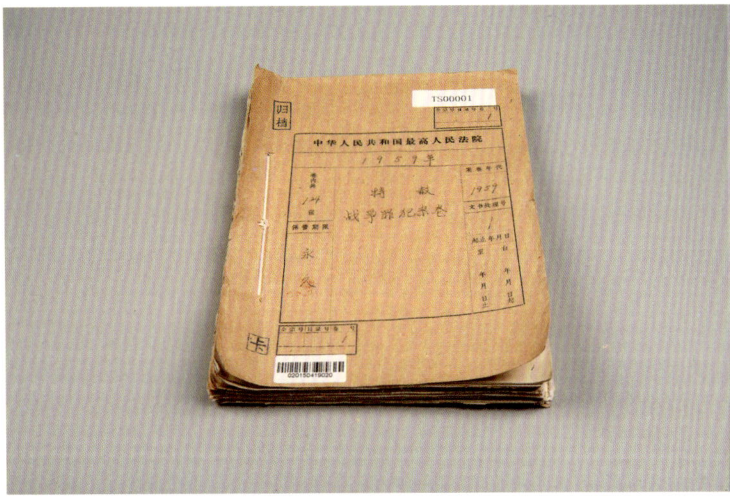

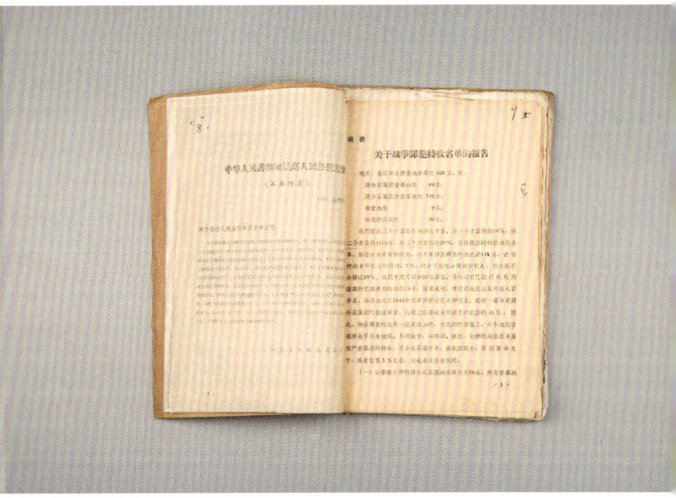

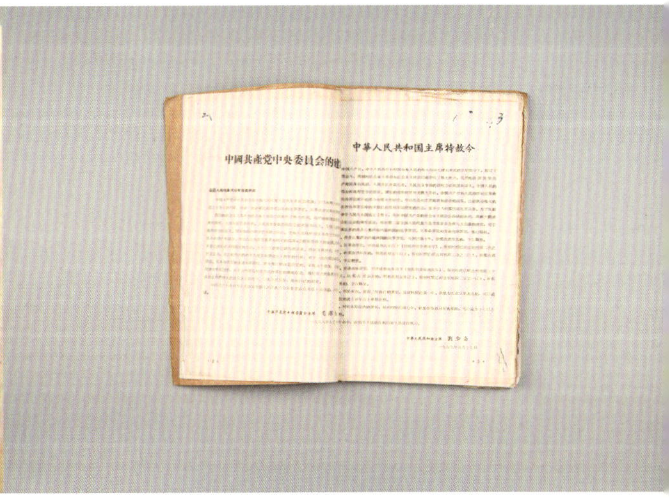

【特赦伪满洲国皇帝溥仪等的卷宗】

从 1959 年至 1975 年，遵照中华人民共和国主席特赦令，最高人民法院分 7 批特赦释放确实改恶从善的 589 名蒋介石集团、伪满洲国和伪蒙疆自治政府战争罪犯，并和各高级人民法院分批特赦确实改恶从善的 19276 名反革命罪犯、55472 名普通刑事罪犯，伪满洲国皇帝溥仪被列入第一批特赦名单。对罪犯实行特赦，是中华人民共和国改造罪犯政策的重大成果，也是惩办与宽大相结合政策的重要体现，受到社会各阶层人士的拥护，取得了良好的效果。

《关于撤销高检院、内务部、内务办三个单位，公安部、高法院留下少数人的请示报告》及批复

1968 年 12 月，最高人民检察院军代表、最高人民法院军代表、内务部军代表和公安部领导小组联合提出《关于撤销高检院、内务部、内务办三个单位，公安部、高法院留下少数人的请示报告》。该报告被批准后，人民检察院被撤销，最高人民法院、最高人民检察院精简下来的干部被下放到湖北省荆州地区沙洋农场参加劳动。

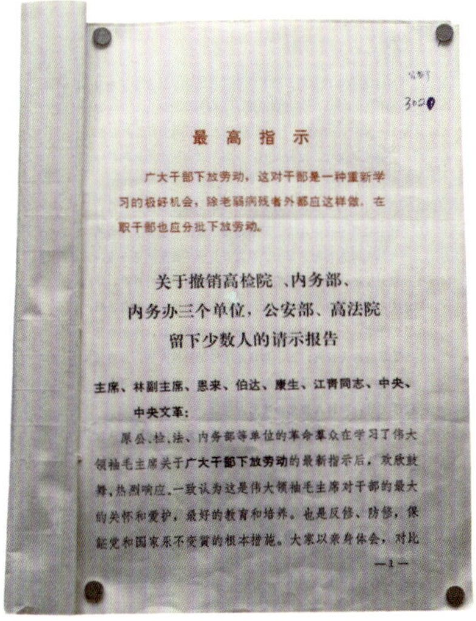

最高指示

广大干部下放劳动，这对干部是一种重新学习的极好机会，除老弱病残者外都应这样做。在职干部也应分批下放劳动。

关于撤销高检院、内务部、内务办三个单位，公安部、高法院留下少数人的请示报告

主席、林副主席、恩来、伯达、康生、江青同志、中央、中央文革：

原公、检、法、内务部等单位的革命群众在学习了伟大领袖毛主席关于广大干部下放劳动的最新指示后，欢欣鼓舞，热烈响应，一致认为这是伟大领袖毛主席对干部的最大的关怀和爱护，最好的教育和培养，也是反修、防修，保証党和国家永不变質的根本措施。大家以亲身体会，对比

—1—

《最高人民法院关于恢复和启用院、庭、室、组印章的报告》

1972 年 1 月以后，最高人民法院下放“五七”干校劳动的干警陆续调回北京。1973 年 8 月 13 日，经中央批准，最高人民法院设立刑事审判庭、民事审判庭、办公厅、政工组。截至 1973 年 9 月，全国各省、自治区、直辖市高级人民法院先后恢复工作。

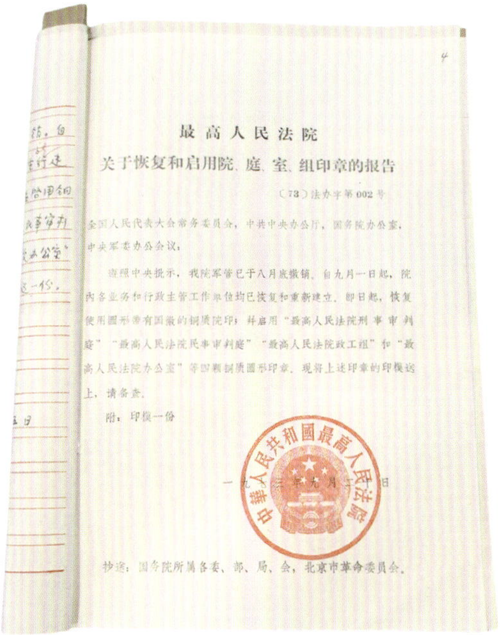

最高人民法院

关于恢复和启用院、庭、室、组印章的报告

（73）法办字第 002 号

全国人民代表大会常务委员会，中共中央办公厅，国务院办公室，中央军委办公会议：

遵照中央批示，我院军管已于八月底撤销。自九月一日起，院内各业务和行政主管工作单位均已恢复和重新建立。即日起，恢复使用圆形带有国徽的铜质院印；并启用“最高人民法院刑事审判庭”“最高人民法院民事审判庭”“最高人民法院政工组”和“最高人民法院办公室”等四颗铜质圆形印章。现将上述印章的印模送上，请备查。

附：印模一份

中华人民共和国最高人民法院

一九[illegible]三年九月二[illegible]日

抄送：国务院所属各委、部、局、会，北京市革命委员会。

【特别法庭专题】

1980 年 9 月 26 日，中共中央发出《关于审判林彪、江青反革命集团案的通知》。1980 年 11 月 20 日至 1981 年 1 月 25 日，最高人民法院成立特别法庭，依法对林彪、江青反革命集团案 10 名主犯进行公开审判，地方人民法院、军事法院也先后审判了这两个集团的共犯，并对其分别判处相应的刑罚。

最高人民法院特别法庭印

最高人民法院特别法庭判决书

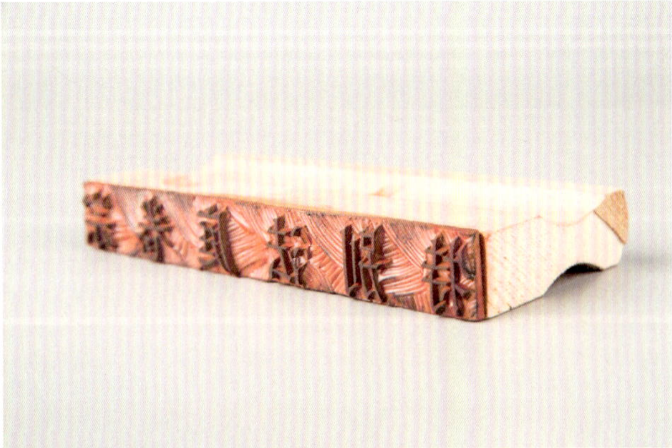

特别法庭卷宗长戳

最高人民法院特别法庭第一审判庭牌匾

特别法庭庭长江华印章

特别法庭副庭长伍修权印章

特别法庭副庭长曾汉周印章

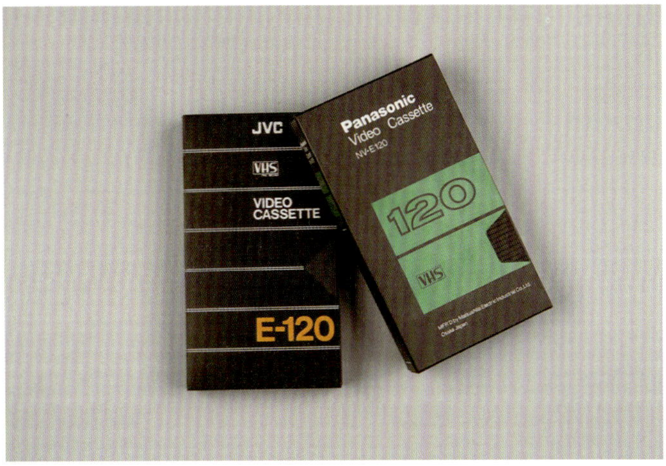

审判林彪、江青反革命集团案主犯，原中共中央政治局委员、解放军总参谋长黄永胜的录像带

审判林彪、江青反革命集团案主犯，原南京军区空军政委江腾蛟的录像带

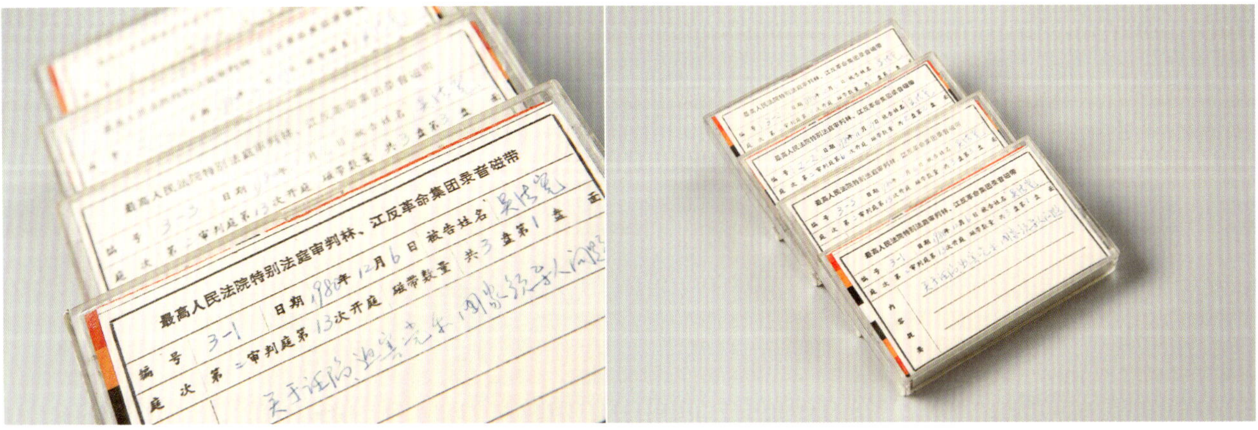

审判林彪、江青反革命集团案主犯，原中共中央政治局委员原解放军副总参谋长兼空军政委、司令员吴法宪的录音磁带

人民出版社首发版《中国共产党中央委员会关于建国以来党的若干历史问题的决议》

1981 年 6 月 27 日至 29 日，中共十一届六中全会在北京召开。会议审议并通过了《中国共产党中央委员会关于建国以来党的若干历史问题的决议》，决议对司法机关复查和平反冤假错案，审判林彪、江青反革命集团等工作给予了充分肯定。

《案例选编》（1983 年合订本）

该《案例选编》选载了第一次“严打”期间审判的典型案例。

张子强案刑事判决书

张子强，被称为“世纪贼王”，曾绑架香港富豪李嘉诚长子李泽钜，获数亿港元赎金，绑架“澳门赌王”何鸿燊未遂，其犯罪所得资金数额曾入选吉尼斯世界纪录大全。1998 年 11 月 12 日，广东省广州市中级人民法院依法判处张子强死刑。

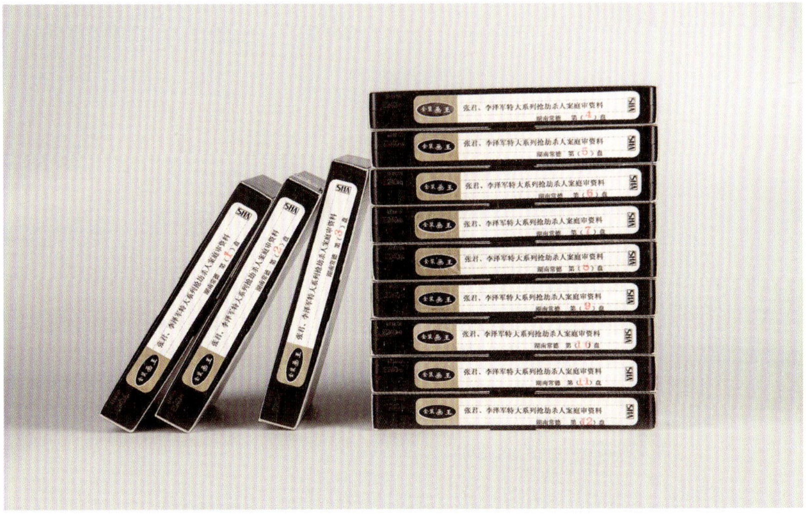

张君、李泽军特大系列抢劫杀人案庭审录像带

张君、李泽军特大系列抢劫杀人案是中华人民共和国成立以来罕见的暴力性集团犯罪案件。2001 年 5 月 20 日，首要分子张君被依法执行死刑。

【法槌组合】

2001 年，厦门思明区法院敲响中国大陆庭审第一槌。该法槌采用独角兽造型，象征着司法的公平正义。2002 年 6 月 1 日，由最高人民法院统一规范设计的法槌正式在全国法院统一使用。

2001 年 9 月 14 日，福建省厦门市思明区人民法院敲响的中国大陆庭审第一槌。

2002 年起，人民法院庭审使用的法槌。

【深化司法公开】

党的十八大以来，人民法院大力深化司法公开，建设审判流程公开、裁判文书公开、执行信息公开三大平台，实现审判执行全程留痕，推动审判执行工作机制深刻变革，以司法公开和机制变革倒逼、促进司法公正，着力构建开放、动态、透明、便民的阳光司法机制。

（1） 2013 年 7 月 3 日《人民法院报》

（2）《最高人民法院裁判文书上网公布暂行办法》

（3）《关于公布失信被执行人名单信息的若干规定》

（4）《最高人民法院关于新时期进一步加强人民法院审判管理工作的若干意见》

【推进司法改革】

党的十八大以来，人民法院认真落实党中央关于司法改革决策部署，全面深化人民法院改革，优化司法职权配置，完善确保依法独立公正行使审判权的制度，保障人民群众参与司法，加强人权司法保障和对司法活动的监督，促进审判体系和审判能力现代化，建设跨行政区划法院、知识产权法院、最高人民法院巡回法庭等，推进法官员额制、立案登记制、司法责任制、以审判为中心的诉讼制度等一系列改革举措，努力建设公正、高效、权威的社会主义司法制度。

（1）《中共中央关于全面推进依法治国若干重大问题的决定》

（2）《最高人民法院关于全面深化人民法院改革的意见——人民法院第四个五年改革纲要（2014—2018）》

（3）全国人大常委会《关于授权在部分地区开展人民陪审员制度改革试点工作的决定》

（4）《全国人大常委会关于最高人民法院第一、第二巡回法庭庭长、副庭长的任命决定》

（5）《最高人民法院关于人民法院登记立案若干问题的决定》

（6）《人民法院落实〈司法机关内部人员过问案件的记录和责任追究规定〉的实施办法》

（7）《人民法院落实〈领导干部干预司法活动、插手具体案件处理的记录、通报和责任追究规定〉的实施办法》

中國法院博物館

法灋灋法

法法灋法

灋灋法灋

灋法法法

法灋灋法

法法灋法

灋灋法灋

灋法法法

ISBN 978-7-5093-4358-6

图书在版编目（CIP）数据

中国法院博物馆 / 中国法院博物馆编 . -- 北京 : 中国法制出版社 , 2018.1
ISBN 978-7-5093-4358-6

Ⅰ . ①中… Ⅱ . ①中… Ⅲ . ①法院 - 博物馆 - 中国 - 画册 Ⅳ . ① D926.2-28
中国版本图书馆 CIP 数据核字 (2017) 第 306022 号

策划编辑 / 李小草　　责任编辑 / 任乐乐　　书籍设计 / 蒋 怡

中国法院博物馆
ZHONG GUO FA YUAN BO WU GUAN

编 者 / 中国法院博物馆
经 销 / 新华书店
印 刷 / 煤炭工业出版社印刷厂
开 本 / 889 毫米 ×1194 毫米 16 开
印 张 / 9
字 数 / 110 千

版 次：2018 年 1 月第 1 版 / 2018 年 1 月第 1 次印刷
书 号：ISBN 978-7-5093-4358-6　　定 价：188.00 元

北京西单横二条 2 号
邮政编码：100031　　传 真：010-66031119
网 址：http://www.zgfzs.com　　编辑部电话：010-66071862
市场营销部电话：010-66033393　　邮购部电话：010-66033288

（如有印装质量问题，请与本社编务印务管理部联系调换。电话：010-66032926）